FARE
PODCASTING

GIULIO GAUDIANO

FARE
PODCASTING

GUADAGNA VISIBILITÀ E AUTOREVOLEZZA
CREANDO IL TUO PODCAST DA ZERO

RINGRAZIAMENTI

A mia moglie e alle mie figlie che mi attendono pazientemente per cenare insieme quando vado lungo con la registrazione.

Al mio primo compagno di podcast, Valentino Spataro e a quell'ascoltatore che mi ha regalato la prima recensione negativa che mi ha spinto a non mollare.

Ai podcaster che ho avuto il piacere di conoscere ed intervistare: in ordine sparso Franco Solerio e i ragazzi di Digitalia, Samuele Onelia, Paolo Pugni, Fabio De Vita, Michele Tampieri, Raffaele Tovazzi, Lucio Bongiovanni, Antonio Bevacqua, Alessandro Mazzù, Carlo Annese, Francesca Traverso, Gennaro Romagnoli, Claudio Sardaro, Davide Francesco Sada ed Enrico Garzotto, Marco Montemagno, Claudio Sardaro, Luca Conti, Gaia Manco, Gennaro Romagnoli, Max Formisano, Paolo Bianchi, Francesco Bersani, Nicobenz Ambrosecchia, Fabio Bruno, Lorenzo Pieri, Enrica Salvatori, Paolo Fabrizio, Antonio Granato, Alessio Beltrami, Angelo Ricci, Valerio Russo, Rossella Pivanti, Giorgio Minguzzi, Luca Mazzucchelli, Alessandro Bari e molti altri.

A chi ha creato e lavora dietro alle piattaforme che aiutano i podcaster: Francesco Baschieri di Spreaker, Alexander Ljung e Eric Wahlforss di Soundcloud, Michael Mignano e Nir Zicherman di Anchor, Jack Conte e Sam Yam di Patreon, Noah Shanok e Peter deVroede di Stitcher tanto per citarne alcuni.

Ai miei angeli custodi con il microfono a condensatore in mano: Giorgio D'Ecclesia, Marzia Tomasin e Audra Bertolone.

Ai finanziatori di Strategia Digitale ed ai miei compagni del Digital Mastermind.

INDICE

Ringraziamenti   5

Indice   7

Prefazione   9

Introduzione   13

Corso online per fare podcasting   17

DISEGNA UNA STRATEGIA   19

    Podcast e inbound marketing   19

    Capire il content marketing   21

    Brand positioning   24

    Marketing funnel   27

    Scegliere tra video e podcast   30

SCEGLI GLI STRUMENTI   33

    Uno strumento vale l'altro?   33

    La voce   35

    Microfono e cuffie   38

    Software di registrazione e montaggio   41

    Software per registrare le interviste   43

CREA CONTENUTI DI VALORE   45

    I contenuti   45

    Aggregare le fonti   48

    Scegliere i formati editoriali   52

    Consigli e raccomandazioni   67

REGISTRA E MONTA   71

Registrare e montare   71

Sigla   75

Basi musicali e suoni   76

Da video a podcast   79

Registrazione e montaggio live   81

PUBBLICA E DISTRIBUISCI   85

Spreaker   86

iTunes   92

Embed e condivisione   97

App   100

Instant messenger   102

Web radio o radio FM   103

FAI MARKETING E PROMUOVI   105

Copertina   105

Trascrizione   107

Digital asset e social media   111

Link tracciati e redirect   129

Valutazioni e recensioni   134

Dall'ascolto alle relazioni   138

MONETIZZA E FINANZIATI   143

Visibilità e autorevolezza   143

Sponsor   148

Vendita dei contenuti   156

Donazione   158

Crowdfunding   160

Raccomandazione finale   167

PREFAZIONE

Quando nel 2004 inaugurammo i primi podcast il movimento aveva una connotazione assai diversa da quella odierna. Da una parte le difficoltà tecniche nel realizzare una trasmissione con i computer e i software disponibili allora rappresentavano una barriera all'ingresso che selezionava prevalentemente appassionati giovanissimi. Dall'altra la contrapposizione tra i grandi network esistenti nel campo della radio e della televisione, che tenevano stretto il mercato della comunicazione in un oligopolio di fatto, e il nuovo fenomeno del podcasting, che dava a tutti la possibilità di presentarsi un'audience virtualmente globale senza filtri editoriali né censure, diede a tutto il movimento una connotazione hobbistica e ribellistica decisamente lontana da logiche commerciali e di profitto.

Non è un caso se gli osservatori dell'epoca accostarono i primi podcast alle radio pirata degli anni 70: attrezzatura limitata, professionalità e tecnica tutte da imparare ma grande entusiasmo e voglia di creare erano gli ingredienti che facevano nascere in continuazione nuove trasmissioni; la mancanza di un sostentamento economico era quello che le faceva scomparire altrettanto velocemente.

Uno dei pochi ad averci visto bene e lungo fin dalla prima ora fu Adam Curry. Tralasciando le polemiche se sia stato Curry in collaborazione con Dave Winer ad inventare il podcasting, o se il merito vada attribuito a chi ancora prima aveva utilizzato internet per pubblicare contenuti seriali simil-radiofonici, quello di cui bisogna dargli credito senza ombra di dubbio è l'aver compreso che per garantire una sopravvivenza nel medio e lungo termine delle singole trasmissioni e del movimento in generale, era necessario trovare vie di guadagno. Sfruttando la notorietà precedentemente acquisita in qualità di uno dei più celebri VJ della MTV degli anni 80, in capo alla sua nuova creata Podshow.com Curry cominciò a radunare i primi talenti del podcasting, musicisti indipendenti in cerca di visibilità ed aziende innovative che potessero sostenere il movimento attraverso meccanismi di sponsorizzazione e advertising. Non tutti i podcast presentati da Podshow ebbero successo, ma quelli che lo ebbero fecero da traino a un'ondata di nuove trasmissioni e di network alternativi alcuni dei quali non solo sono ancora in attività il giorno d'oggi, ma hanno reso decisamente ricchi i loro produttori.

Gli inizi del movimento italiano furono decisamente più in salita. I podcaster americani avevano a disposizione una audience enorme, che sommava i madrelingua inglesi e tutti quelli che masticavano quel minimo di inglese necessario a navigare sul Web dell'epoca, ancora scarsamente localizzato. La audience raggiungibile a chi produceva contenuti in italiano era molto più ristretta per ovvi motivi di diffusione della lingua. Inoltre fino alla fine dello scorso decennio sia la popolazione italiana che le aziende del nostro paese avevano una famigliarità limitata con tecnologia, computer e internet, e questo riduceva ulteriormente le possibilità dei podcaster nostrani sia in termini di possibili sponsorizzazioni e advertisement, sia nella dimensione della audience raggiungibile (che a sua volta limitava l'interesse di eventuali sponsor).

Negli ultimi dieci anni l'accelerazione nella diffusione della tecnologia presso la popolazione generale indotto dall'invenzione degli smartphone, e l'entusiastica adozione degli stessi da parte degli italiani (siamo tra le prime nazioni al mondo per rapporto abitanti / smartphone venduti), hanno in parte smorzato queste differenze, e finalmente anche nel nostro paese i produttori di podcast hanno trovato maggiori possibilità di sostentamento economico.

Questo ritardo ha fatto sì che in Italia si siano scritti libri sul podcasting dedicati alla tecnica di registrazione o alla "messa in onda" tramite internet, dedicati soprattutto ai principianti e agli hobbisti, ma nessuno ne abbia mai approfondito l'aspetto serio: come si vive di podcasting, come può un podcast inserirsi nel lavoro di una persona, come può migliorarne l'efficienza e come può entrare a far parte delle sue strategie di guadagno; o addirittura come può il podcasting diventare una professione a sé stante. In questo il libro di Gaudiano che avete tra le mani è unico: è uno strumento di studio e approfondimento scritto da una persona che ha fatto del podcasting una professione, e che ci insegna che si possa fare un podcast sì per gioco o per hobby, ma anche che il podcasting abbia le carte in regola per essere considerato una cosa seria anche nel nostro paese.

FRANCO SOLERIO

INTRODUZIONE

Quando ho registrato i miei primi podcast non esistevano gli smartphone. Scaricare ed ascoltare i podcast lontano dallo schermo di un computer era un passatempo per geek.

Dovevi scaricare l'audio sul computer, attaccare al computer un lettore mp3, sincronizzare la libreria per trasferire la traccia e solo a quel punto - dopo aver espulso la periferica audio - potevi andare a ricercare la puntata del podcast per ascoltarla in giro.

Eppure ne eravamo tutti entusiasti. Era un modo nuovo per accedere ad informazioni e intrattenimento che metteva a tua completa disposizione, poiché a differenza della radio tutti i contenuti erano on-demand, migliaia di contenuti di tutti i tipi. C'erano i primi podcast delle radio (io aspettavo ogni giorno con trepidazione che pubblicassero il podcast con la registrazione di Prima Pagina di Radio Rai 3) e quelli dei podcaster indipendenti.

Grazie al mio amico Valentino Spataro mi sono aperto all'idea di essere non solo ascoltatore ma anche podcaster.

"Posso registrare la nostra chiacchierata?". Questo mi chiese Valentino mentre conversavamo via Skype, io a Roma e lui a Milano. Qualche ora dopo la nostra conversazione era un podcast: Caffè 2.0, il podcast italiano più longevo senza interruzioni nella pubblicazione.

Una volta a settimana ci incontravamo online per chiacchierare di tecnologia, del nostro lavoro come editori online, di come Internet ci stava cambiando la vita. Con pochi click Valentino sparava tutto questo sul Web e attraverso il podcast sempre più persone "chiacchieravano" con noi.

Ci sentivamo un po' al centro di una rivoluzione e non ci rendevamo conto che il mondo del podcasting era ancora tutto da costruire.

Oggi, grazie agli smartphone, ad Internet mobile, all'abitudine a fruire contenuti on-demand come su Netflix, il podcasting è diventato mainstream. Spotify ha incluso i podcast nel suo catalogo, in modo da poter inserire nel tuo ascolto di musica quotidiano, anche i podcast che il suo algoritmo giudica interessanti per te.

Grazie agli AirPods di Apple ed a tutte le altre cuffie bluetooth possiamo trasformare tutti i "tempi morti" della nostra vita quotidiana in momenti di ascolto. Ed è così che dimentico il tempo trascorso nel traffico perché nel frattempo sto imparando qualcosa di nuovo o che mi scappa la risata mentre sono in fila alla posta, per una battuta ascoltata sul mio podcast preferito.

Dopo i blog, YouTube, Facebook, i social e le ore trascorse con gli occhi incollati allo schermo del nostro smartphone, poter essere contemporaneamente connessi al mondo digitale solo attraverso l'udito e "riconnessi" alla realtà che ci circonda con tutti gli altri sensi, offre un senso di liberazione.

È per questo che Google ha deciso di integrare i podcast all'interno dei risultati delle ricerche in modo da consentirne subito l'ascolto ed ha lanciato Google Podcast, il suo lettore di podcast per gli utenti Android.

I dati parlano chiaro: quella che stiamo vivendo in Italia è una seconda "primavera" del podcasting.

La tecnologia c'è, i soldi pure. Gli investimenti della pubblicità stanno crescendo in modo costante sul mercato americano ed anche da noi, grazie a Spreaker, sono arrivate le pubblicità inserite in modo automatico all'interno dei podcast, che permetteranno di far crescere l'intero settore, e non solo i podcaster che si sono mossi in modo indipendente per la ricerca di sponsor.

Tutto è cambiato ma non è solo merito della tecnologia o della pubblicità. Il podcast si è rivelata un'opportunità di comunicazione, di influenza, di marketing e di business.

Siamo passati dal movimento di appassionati ed early adopter, ad un mondo variegato composto dalle radio tradizionali, dai piccoli editori, dai professionisti che usano il podcast per fare content marketing, dai giornalisti indipendenti e dagli esperti o appassionati di argomenti di nicchia che hanno trovato nel podcasting un modo di condividere i propri contenuti.

Quando ho deciso di creare il mio podcast: Strategia Digitale, se lanciavi la ricerca della parola "marketing" non trovavi nulla. È stato questo ciò che mi ha spinto a creare io stesso un podcast (che al tempo si chiamava "Web Marketing 24"): volevo approfittare di tutto il tempo trascorso in giro con la mia prima figlia in carrozzina, per informarmi su argomenti utili per il mio lavoro.

Ho iniziato con una rassegna stampa: leggevo e commentavo le notizie uscite sui siti americani e i post publicati dagli esperti del settore. Poi ne sono venuti altri, sempre di più, e sono aumentate le richieste di coloro che volevano fare podcasting.

È lì che mi sono accorto che creare il primo podcast non è mai facile.

In silenzio davanti al computer, senza riuscire a dire una parola. Il giorno in cui ho registrato il mio primo podcast mi sembrava di non aver nulla da dire e sono stato sul punto di rinunciare. Poi però mi sono fatto coraggio, ho iniziato a parlare e non ho più smesso.

Migliaia di messaggi dagli ascoltatori, in questi anni, mi hanno confermato che ho fatto la cosa giusta e che, trovando il coraggio di fare podcasting, ho cambiato in meglio l'avventura digitale di tante persone.

Questa possibilità di creare valore per gli altri e contemporaneamente costruire la tua autorevolezza è ciò che ha spinto tanti, e probabilmente anche te, a voler creare un podcast.

In questo libro ho scritto tutto ciò che avrei voluto sapere quel primo giorno da podcaster, per evitare errori, cogliere opportunità e avere una strategia per ottenere dal tuo podcast ciò che desideri.

Prima di augurarti buona lettura ti voglio chiedere un piacere.

Se c'è qualcosa nelle pagine che seguono che non ti risulterà chiaro, se noti errori o inesattezze, se vuoi fare in modo che questo libro sia veramente utile per te e per tutti coloro che vogliono fare podcasting, scrivimi una email all'indirizzo farepodcasting@youmediaweb.com.

Per me sarà un piacere conoscerti, ringraziarti ed aggiornare grazie al tuo contributo le future edizioni di questo libro.

Se infine vuoi far conoscere questo libro ai tuoi amici e colleghi o se hai il desiderio di lasciare una recensione su Amazon raccontando perché ti è piaciuto e ti è stato utile, visita http://farepodcasting.it .

Grazie e buona lettura!

GIULIO GAUDIANO

CORSO ONLINE PER FARE PODCASTING

Questo libro nasce ad integrazione di un corso online che ho pubblicato nel 2017.

Mentre lo scrivevo ero fortemente indeciso se integrare o meno nel libro tutte le indicazioni pratiche e tecniche per la creazione e la pubblicazione del tuo primo podcast. Il rischio era, da una parte, di appesantire il testo con indicazioni passo-passo, forse inutili per alcuni dei lettori già abili nell'utilizzo delle tecnologie. Dall'altra parte il mondo del podcasting sta vivendo una così veloce evoluzione che le procedure, le interfacce e i software cambiano continuamente. Come risolvere questo problema? Semplice: con un regalo.

Ho deciso di regalarti l'accesso al mio corso online che è sicuramente il modo più efficace di mostrarti operazioni pratiche tramite video e tutorial e viene continuamente aggiornato in base alle richieste e alle domande degli studenti. Tutto ciò che non trovi in questo libro, ti aspetta nel corso.

Per iscriverti gratuitamente al corso online ed entrare nella community di coloro che come te vogliono fare podcasting vai su http://farepodcasting.it e utilizza il codice coupon "LIBROFAREPODCASTING".

DISEGNA UNA STRATEGIA

Podcast e inbound marketing

Prima di mettere le mani in pasta e buttarti a capofitto nella produzione di un podcast, ti consiglio di ragionare su come questa forma di comunicazione si andrebbe ad integrare con la tua strategia digitale.

Non hai una strategia digitale? La tua presenza online non è ben definita? I tuoi obiettivi non sono ancora chiari? Allora fermati un attimo e cerca di ragionare prima su questi aspetti, altrimenti rischi di costruire una casa senza fondamenta.

Partire con una strategia ben definita ti aiuterà ad affrontare le difficoltà che incontrerai lungo il tuo percorso e ad evitare di commettere errori. Inoltre sarai preparato a cogliere tutte le opportunità che possono nascere da un podcast e, per esperienza personale, posso dirti che non sono poche.

Perché vuoi usare il podcast invece dei video o altri tipi di contenuti? In che modo il podcasting può aiutarti a fare marketing e a creare nuove occasioni di business?

Il podcast è un canale indiretto di crescita del tuo business e con questo libro ti aiuterò a scoprirlo.

Ora però facciamo un passo indietro. Ti sei chiesto che cos'è un podcast?

Il podcast è un contenuto audio o video disponibile sul Web e fruibile on-demand. Questo significa che si può scaricare, attraverso un programma installato sul computer o sullo smartphone chiamato aggregatore (per esempio iTunes), per poi ascoltarlo in qualsiasi momento.

Se poi hai un'attività o un progetto che vuoi promuovere potremmo anche vedere il podcast come un cugino smart della radio. Diciamo che per farla semplice il podcast sta alla radio come Netflix sta alla televisione. Il podcast può aiutarti a fare inbound marketing.

L'inbound marketing è un modo nuovo di concepire il marketing. Letteralmente significa "marketing in entrata" e nasce da una possibilità offerta, o comunque potenziata, dal digitale.

Quali sono le differenze tra l'inbound marketing e l'outbound marketing ovvero il marketing tradizionale?

L'outbound marketing interrompe le persone che stanno fruendo di un contenuto, per esempio mentre guardano la televisione, un video, leggono gli articoli di un blog e così via, per spingere un messaggio promozionale. Questa strategia non è poi così efficace perché, creando delle interruzioni, è un disturbo per le persone.

L'inbound marketing, al contrario, non è invadente, ma si basa sull'intercettazione dell'attenzione mediante la creazione di contenuti di valore.

La creazione di contenuti che risolvono i problemi delle persone, soddisfano le loro necessità, li aiutano a realizzarsi e gli permettono di potenziare le proprie capacità, genera autorevolezza. Se hai creato contenuti di valore, hai le risposte alle necessità delle persone che ti seguono e le puoi aiutare a raggiungere i loro obbiettivi. Al momento giusto, saranno loro a venire da te per acquistare i tuoi prodotti o servizi.

Per concludere possiamo dire che, se l'outbound marketing è il marketing che spinge, **l'inbound marketing è il marketing che attira.**

Capire il content marketing

Il content marketing, cioè il marketing dei contenuti, non è altro che una forma di inbound marketing e consiste nella creazione di contenuti che, in maniera diretta o indiretta, portano benefici commerciali al tuo business.

Grazie al content marketing puoi costruire:

- la credibilità, l'autorevolezza e l'affidabilità del tuo brand;

- la percezione della qualità dei tuoi prodotti.

Questo avviene grazie al valore creato da un contenuto e non attraverso un messaggio promozionale ed è proprio a questo che mi riferivo quando ti ho detto che il podcasting è un canale indiretto di crescita del business.

Il podcasting, focalizzato sul valore dei contenuti, ti permette di creare delle relazioni, sviluppare delle capacità personali e stabilire una forma mentis improntata al domandarti sempre in che modo puoi aiutare gli altri.

Se ti rendi indispensabile per i tuoi ascoltatori, essi diventeranno degli agenti di marketing inconsapevoli e parleranno bene di te ai loro amici o clienti tramite il passaparola.

C'è un libro molto bello che s'intitola "The Thank You Economy" di Gary Vaynerchuk che parla di una nuova forma di economia: l'economia della gratitudine. Si tratta di una economia che nasce nel mondo digital e che consiste in questo: se io faccio qualcosa che crea un valore per te, tu non solo riconoscerai, basandoti sui fatti, che io sono stato capace di farlo ma ti verrà anche il desiderio di ricompensare in qualche modo questo valore del quale hai beneficiato.

Per quel che mi riguarda posso dirti che, sempre più spesso le persone che mi contattano dopo aver ascoltato il mio podcast "Strategia Digitale", dopo aver letto uno dei miei libri o partecipato ad un mio corso online, per prima cosa mi ringraziano per quello che faccio per loro e poi mi chiedono una consulenza. Questa è l'economia della gratitudine.

Nel content marketing quindi, focalizzandosi sul valore per migliorare la vita delle persone e risolvere i loro problemi, si offre un contenuto che si trasforma in promozione del brand (o *brand marketing*) perché agisce sull'autorevolezza di chi lo crea. Questa è la vera forza del content marketing.

Per aiutarti a comprendere la dinamica del content marketing, ho pensato a due metafore.

La prima metafora è tratta dalla storia dell'imprenditore newyorkese Gary Vaynerchuk (autore del libro che ho appena citato) che, sui contenuti di valore, ha costruito il suo successo.

Gary Vaynerchuk è riuscito a triplicare il fatturato della piccola azienda vinicola di famiglia, attraverso la pubblicazione di video da lui creati. Lo puoi vedere mentre assaggia il vino o ne parla con l'intento di informare e far conoscere tutto quello che c'è da sapere per scegliere una buona bottiglia (https://winelibrary.com/).

Dopo questo grande successo ha creato una sua agenzia di inbound marketing, la Vaynermedia (https://vaynermedia.com/) e in questo contesto lavorativo, è nato il suo libro "Jab, Jab, Jab, Right Hook: How to Tell Story in a Noisy Social World".

Sai cos'è il jab? Nel pugilato, il jab è un pugno dato con l'esterno del guantone che permette di misurare la distanza con l'avversario, mantenere il contatto e calibrare il colpo successivo, cioè il gancio destro che lo mette al tappeto.

Nel content marketing la prima cosa da fare è ripetere tanti piccoli "jab, jab, iab" cioè offrire alle persone contenuti di valore. Bisogna farlo con costanza, con passione e volontà di condividere le proprie conoscenze, aiutando realmente gli altri con i loro problemi e necessità.

In questo modo si arriva al "right hook" cioè al momento in cui, grazie ai contenuti creati, riesci ad arrivare alla vendita dei tuoi prodotti o servizi.

Personalmente non amo molto questa metafora che inquadra il rapporto con le persone come un incontro di pugilato. Non mi piace pensare alle persone che mi ascoltano come a degli avversari da mettere al tappeto.

La metafora che preferisco è quella che ci offre la storia de "Il gatto con gli stivali", nota anche come la storia del "Marchese di Carabas".

Te la ricordi? Io ho tre figlie piccole e sono piuttosto abituato a raccontarla. Facciamo insieme un breve ripasso.

Il marchese di Carabas in realtà era un giovane, il più piccolo dei tre figli di un mugnaio. Alla morte del padre, il giovane ricevette una misera eredità. Ai suoi fratelli più grandi toccarono rispettivamente un mulo e un mulino, mentre a lui, un semplice gatto.

Un bel giorno il gatto chiese al giovane un paio di stivali e un mantello, dicendogli che così lo avrebbe aiutato a costruire la sua fortuna. Così agghindato, il gatto con gli stivali, cominciò a recarsi ogni giorno dal re portando in dono della cacciagione da parte del "Marchese di Carabas". Lo fece per diverso tempo, fintanto che il re si abituò a sentire come familiare il nome del marchese di Carabas.

Come prosegue la storia? Un giorno, mentre il re passeggiava in carrozza assieme alla figlia, vicino al fiume, il gatto con gli stivali disse al giovane di buttarsi in acqua fingendo di annegare. A quel punto cominciò a gridare che il marchese di Carabas stava annegando e il re, sentite le urla, riconobbe subito quel nome. Lo fece salvare dai suoi servitori e lo accolse nella sua carrozza dove lo rivestì con i suoi stessi abiti. Alla fine della storia, vissero tutti felici e contenti poiché il re diede in sposa al marchese di Carabas la sua unica figlia.

Se vogliamo sciogliere questa metafora possiamo dire che:

- il re rappresenta il pubblico;

- i doni portati al re sono i contenuti di valore;

- il giovane ragazzo è colui che vuole costruire il proprio brand per avere accesso a delle opportunità che altrimenti non avrebbe potuto avere;

- il gatto con gli stivali è il podcast cioè il mezzo per arrivare al pubblico.

Appare dunque evidente che i contenuti sono uno strumento di marketing. Ricordati sempre però di trasmetterli con passione. Fai percepire a chi ti ascolta che ti piace poter condividere quello che sai per essere realmente in grado di risolvere i loro problemi.

Fai attenzione ad evitare l'auto promozione. Se le persone hanno anche il minimo sentore del fatto che usi il podcast come uno spot pubblicitario, solo per vendere qualcosa, si romperà la magia e quelle persone si allontaneranno da te.

Il desiderio di creare valore gratuitamente deve essere autentico. L'autenticità, nel mondo digitale, è una cosa preziosa e direi anche rara. Prima di metter mano a qualsiasi aspetto tecnico o strategico, ricorda che l'identità online, il tuo personal brand, non è altro che un'emanazione di ciò che sei realmente. Il mio consiglio è quindi, quando si tratta di creare qualcosa nel mondo digitale, crea soltanto contenuti dei quali puoi essere fiero.

Brand positioning

Si dice che il podcasting sia un ottimo strumento per raccontarsi. Se questo è vero, prima di cominciare a farlo, devi capire bene cosa vuoi raccontare, come vuoi raccontarlo, a chi lo vuoi raccontare ma sopratutto perché, cioè **devi definire il tuo brand positioning.**

In sintesi il brand positioning è la risposta alle cinque domande:

- Chi sei?

- Che cosa fai?

- Per chi lo fai?

- Come lo fai?

- Perché lo fai?

Ti consiglio di prendere un foglio di carta, annotare queste domande e cominciare a rispondere. Non ti servono tante parole, prova ad utilizzare solo poche righe. Se non ci riesci, vuol dire che non hai le idee chiare e ti manca ancora il focus.

Quando avrai finito, raccogli tutte le risposte in un unico discorso. Questo discorso sarà la presentazione della tua attività o del tuo progetto e ti permetterà di costruire e trasmettere il tuo brand a chi ti ascolta.

Avere ben chiaro chi sei, cosa rappresenta il tuo brand e in che modo può rispondere alle esigenze del tuo pubblico target, ti permetterà di rimanere focalizzato e di far funzionare correttamente la tua strategia.

Per aiutarti a definire il tuo brand positioning per prova a pensare a podcast italiani di successo come "Digitalia", "Italian Indie", "Vendere Valore" solo per citarne alcuni. Qual'è il segreto del loro successo?

Gli autori di questi podcast hanno definito dall'inizio una strategia cioè il proprio brand positioning e lo hanno trasferito in una sigla che viene trasmessa all'inizio e alla fine di ogni puntata.

Questa per esempio è la sigla del podcast "Vendere Valore" di Paolo Pugni:

"É possibile aumentare il fatturato e il numero di clienti usando LinkedIn? Mi chiamo Fabio De Vita, sono un consulente di social selling e se sei un imprenditore, un manager o un professionista scopriremo insieme come usare il social networking per vendere con LinkedIn".

Questo testo risponde esattamente alle 5 domande utili per definire il brand positioning.

1. Chi sei ? "Mi chiamo Fabio De Vita".

2. Che cosa fai? "Sono un consulente di social selling".

3. Per chi lo fai? "Per imprenditori, manager e professionisti".

4. Come lo fai? "Utilizzo il social networking per vendere con LinkedIn".

5. Perché lo fai? "Per aumentare il fatturato e il numero di clienti".

Ti consiglio quindi di ascoltare come esempi le sigle dei podcast già pubblicati. Dopo averlo fatto prova a fare per te questo esercizio e prepara con molta attenzione il tuo brand positioning:

Chi sei?

_____

_____

Cosa fai?

_____

_____

Per chi lo fai?

_____

Come lo fai?

_____

_____

_____

Perché lo fai?

_____

_____

Marketing funnel

Com'è possibile che l'ascoltatore di un podcast diventi un cliente o rappresenti un'opportunità di business?

Questa è la domanda che mi viene rivolta più spesso quando si parla di podcasting come strumento di marketing.

Non è difficile rispondere, si tratta solo di capire qual'è il processo che, gradualmente e nel tempo, trasforma uno sconosciuto in ascoltatore, l'ascoltatore in un cliente e un cliente in un fan appassionato.

Funnel significa imbuto. Immagina dunque la tua strategia di inbound marketing, secondo uno schema del marketing classico, come un imbuto e le persone alle quali vuoi rivolgerti come granelli di sabbia. La sabbia al di fuori dell'imbuto sono tutti coloro che non ti conoscono e non hanno mai sentito parlare di te. La parte più ampia dell'imbuto ospita al suo interno un gran numero di granelli di sabbia, che sono le persone che vengono in contatto con te e con i tuoi contenuti. Di questi, solo alcuni compieranno delle azioni che dimostrano il loro interesse e coinvolgimento (per esempio lasciando commenti, recensioni e like). Queste azioni fanno "scivolare" i nostri granelli di sabbia gradualmente verso la parte più stretta dell'imbuto. Questo interesse dimostrato dai nostri ascoltatori potrà allora essere premiato da contenuti sempre più completi (per esempio ebook, guide, video scaricabili gratuitamente) in grado di canalizzare l'attenzione degli ascoltatori trasformandola nel desiderio di compiere un'azione cioè l'acquisto di un prodotto o servizio. Quest'azione rappresenta la parte finale dell'imbuto, perché ad essa arriva solo una minima parte delle persone che vi sono entrate.

A me piace spiegare questo processo come un percorso a tappe.

1. **Scoperta e ascolto.** L'ascoltatore non ti conosce e non ha mai sentito parlare del tuo podcast. Un giorno, grazie al consiglio di un amico, facendo una ricerca su Google, attraverso un social network, LinkedIn o iTunes trova il tuo podcast. Sceglie un episodio che gli interessa, clicca su play e ti ascolta.

2. **Iscrizione.** Dopo aver ascoltato alcuni episodi, capisce che il podcast trasmette dei contenuti interessanti e si iscrive. L'iscrizione al podcast crea un'abitudine poiché l'ascoltatore riceverà tutti gli episodi e li potrà ascoltare sia da computer che da smartphone.

3. **Interazione.** L'ascoltatore, prima o poi, interagirà con te lasciando una recensione o un commento. Ti consiglio di ringraziare pubblicamente gli ascoltatori che interagiscono con te. In questo modo, sentendo pronunciare il proprio nome e cognome nel corso delle puntate, si sentiranno coinvolti e questo creerà il terreno fertile per passare alla fase successiva.

4. **Relazione.** Si tratta di una interazione più complessa perché l'ascoltatore ti contatterà (via email, telefono, social network ecc.) e ti farà una domanda. Tu gli risponderai e

magari gli chiederai delle cose per conoscere le sue esigenze e le sue necessità e capire cosa potresti fare per lui.

5. **Conversione.** Una volta che avrai chiaro come essergli utile, arriverai alla fase della conversione. Sarai cioè in grado di vendere il tuo prodotto o servizio, a chi ti ascolta trasformandolo in un tuo cliente.

6. **Promozione.** Essere in contatto diretto con te, venire citato nel podcast, conoscere i retroscena della tua attività metterà il tuo ascoltatore/cliente un uno stato di entusiasmo che lo spingerà a parlare a colleghi, amici e parenti del podcast, portandoti nuovamente al punto 1 e chiudendo così il cerchio della tua strategia di inbound marketing.

Per ognuna di queste fasi c'è un luogo ideale di svolgimento. È molto importante che lo individui correttamente per fare in modo che il tuo pubblico segua queste tappe.

Per te e per la tua strategia, qual'è il luogo migliore per farti conoscere e ascoltare? Per iscriversi al tuo podcast? Per la prima interazione con te? Chiediti anche qual'è il mezzo più adatto per portare avanti un'interazione più complessa e soprattutto per trasformare il tuo ascoltatore in cliente.

Vuoi sapere come ho fatto io per il mio podcast "Strategia Digitale"?.

Ho scelto di utilizzare Spreaker e iTunes per farmi scoprire, ascoltare e per l'iscrizione al podcast.

Mentre iTunes è un'applicazione per la gestione di file multimediali, Spreaker è anche qualche cosa in più. Si tratta di una piattaforma innovativa che consente a chiunque di creare e trasmettere dei contenuti audio, fruibili dagli ascoltatori direttamente da computer o da mobile. In più Spreaker mi consente anche si pubblicare il podcast automaticamente su YouTube sotto forma di video, consentendo la scoperta dei miei contenuti anche a chi non ha la minima idea di cosa sia il podcasting.

Per l'interazione utilizzo Telegram. Questa interazione mi può portare ad offrire uno dei miei prodotti o servizi, inviando un link diretto a PayPal, attraverso il quale mi possono pagare e chiedermi la fattura per il servizio offerto.

Ti consiglio di chiarire bene nella tua mente oppure attraverso una mappa mentale o anche un foglio di carta, tutto questo percorso. Individua con attenzione i tuoi asset online e, dopo che lo avrai fatto, comincia pure a creare i tuoi contenuti.

Scegliere tra video e podcast

Tra i diversi tipi di contenuti che esistono, perché scegliere il podcast piuttosto che un video o l'articolo di un blog?

Prima di rispondere a questa domanda devo darti una notizia. Lo sapevi che siamo in guerra? Ebbene sì, siamo nel bel mezzo della guerra dell'attenzione.

Diversamente da quanto accadeva alcuni anni fa, oggi c'è una gran competizione per quanto riguarda la pubblicazione di contenuti di valore. Prova solo a pensare a quanti blog esistono che parlano dello stesso argomento. Centinaia. Migliaia.

Ultimamente un trend in grande crescita è quello dei video. Anche qui però bisogna sgomitare parecchio, confrontandosi anche con contenuti che magari non hanno nulla a che vedere con quello di cui ti occupi tu, per catturare l'attenzione delle persone.

Il podcast invece non entra in questa guerra dell'attenzione perché passa attraverso un altro canale che è quello dell'ascolto. Lavorando sull'udito, anziché sulla vista come si fa invece coi blog e i video, dai un grande vantaggio alle persone. Questo vantaggio è il tempo, un tempo integrato con la realtà quotidiana di ognuno. Mentre ascoltano te che parli, le persone che seguono il tuo podcast possono portare a passeggio il cane, correre nel parco, guidare nel traffico e persino lavorare.

Il vantaggio però non è solo per chi ti ascolta ma anche per te che crei il podcast perché avrai più tempo a disposizione e riuscirai a costruire una comunicazione molto vicina a quella che avviene nella vita reale tra le persone.

Potrai trasmettere i tuoi contenuti con più calma e tranquillità, senza il bisogno di essere sintetico a tutti i costi, come solitamente avviene coi video, per evitare che le persone si stufino e passino ad altro. Avrai trenta minuti o addirittura un'ora per spiegare il tuo punto di vista, le tue esperienze, per far percepire le tue competenze e costruire la tua autorevolezza.

Quindi, siccome il marketing dei contenuti è un marketing che usa come leva l'autorevolezza, per questo che il podcast è lo strumento vincente.

Il settore del podcasting in questo momento è in piena esplosione. Se riuscirai a iniziare ora, sarà più facile per te arrivare tra i primi sull'argomento di cui ti occupi.

Quando ho iniziato col mio primo podcast "Web Marketing 24", su iTunes chi cercava la parola "marketing" per ascoltare un podcast in italiano trovava solo me. Poi, nel tempo, sono spuntati come funghi altri podcaster ma io, proprio perché sono stato il primo, sono diventato un punto di riferimento nel mio settore, un influencer. Per cui oggi, a maggior ragione, non deciderti a fare, nella tua nicchia di mercato, marketing attraverso i podcast, è una occasione mancata.

Vuoi sapere se puoi farcela ad arrivare per primo nella classifica di iTunes?

Fai una ricerca in lingua italiana e inglese su iTunes, per vedere quali podcast esistono già per la tua categoria. Se il risultato è che, in italiano non c'è ancora nessuno mentre in inglese si (come spesso accade), avrai la prova che c'è una fetta di mercato libera che ti aspetta.

Inoltre mentre il video è uno strumento faticoso e dispendioso sia in termini di tempo che di risorse, il podcast è molto più semplice e veloce. Un contenuto si può creare in poco tempo ed è veloce anche da registrare, editare e distribuire.

Secondo me poi un altro vantaggio è legato al fatto che, tra chi trasmette il contenuto e chi lo riceve attraverso il podcast, si crea una relazione particolare. In questa relazione gioca un ruolo importante anche la fantasia di chi ascolta.

Ti è mai capitato di leggere un libro, poi andare al cinema a vedere il film e rimanere deluso? A me si!

Questo succede perché leggendo il libro, attraverso la nostra fantasia, creiamo una nostra rappresentazione personale di quella storia. Quando andiamo a vedere il film invece, vediamo la versione di qualcun altro e potrebbe non piacerci.

Con il podcast funziona allo stesso modo. Il podcast viene creato attraverso la tua voce e, chi ti ascolta, sviluppa dentro di se in maniera originale i contenuti che hai creato.

Quando guardi un video inoltre è molto facile essere distratti dal contenuto, a causa di altri fattori come per esempio l'ambientazione o un particolare sullo sfondo.

Per tutti questi motivi secondo me oggi vale la pena di focalizzare la propria strategia di marketing utilizzando come strumento principale il podcast.

SCEGLI GLI STRUMENTI

Uno strumento vale l'altro?

Prima di cominciare a parlare del set-up che ti servirà per realizzare il tuo podcast, vorrei chiarire alcuni aspetti molto importanti.

Gli strumenti non fanno il podcast. Questa è la prima cosa da tenere a mente. Si può cominciare con una strumentazione minimale e ottenere comunque dei buoni risultati.

Ti stai chiedendo come questo sia possibile? È semplice: la qualità dei contenuti viene prima della qualità della orma o degli strumenti che impieghi per realizzare il podcast. Se i contenuti del tuo podcast sono realmente di valore tutto il resto passa in secondo piano.

Le persone che ti ascoltano si aspettano da te che li aiuti a risolvere i loro problemi, soddisfare le loro esigenze e necessità o che li intrattieni. Se ci riuscirai, vedrai che continueranno a seguirti e ti perdoneranno anche un audio imperfetto.

È senz'altro vero però che, a parità di contenuti di valore, una buona strumentazione può fare la differenza, in particolare:

- **Ti fa risparmiare tempo.** Io per esempio fino a poco tempo fa utilizzavo un piccolo tripode come supporto per il mio microfono a condensatore. Siccome la mia sedia è più alta del tavolo dovevo piegarmi verso il basso per stare più vicino al microfono, comprimendo il diaframma e facendo fatica a parlare. In alternativa dovevo liberare il tavolo e mettere due o tre faldoni sotto al microfono prima di iniziare a registrare. Poi ho acquistato un comodissimo braccio da tavolo per microfono (http://youmediaweb.com/bracciopermicro-fono) che ora è sempre a portata di mano sulla scrivania. Quando devo registrare, mi basta afferrarlo, portarlo davanti alla bocca e il gioco è fatto. Con una spesa di circa 15 euro fatta una volta per tutte, ogni giorno risparmio del tempo utile e prezioso che prima sprecavo per questa operazione di allestimento.

- **Ti fa percepire come più professionale.** Il suono crea la tua immagine davanti a coloro che ti ascoltano. Un suono chiaro, pulito, registrato con degli strumenti di qualità farà percepire la tua professionalità a chi ti ascolta. Per realizzare la copertina del tuo blog per esempio, non utilizzeresti una tua immagine di scarsa qualità o magari scattata durante le vacanze, perché ti farebbe apparire poco professionale dal punto di vista della comunicazione visiva. Bene lo stesso concetto vale anche per i podcast.

- **Rende più piacevole l'ascolto.** Le persone che ascoltano il tuo podcast ti dedicano il loro tempo e la loro attenzione ed è giusto ripagare questa gentilezza e disponibilità offrendogli un suono di buona qualità. John Reith, manager della BBC, coniò il termine "servizio pubblico radiotelevisivo" del quale, in Italia, la RAI è concessionaria in esclusiva. Questo concetto di "servizio" è molto importante perché se sei a servizio di chi ti ascolta, vale la pena di fare qualcosa in suo favore.

Io non sono un fan delle attrezzature tecniche molto costose e sono consapevole di come, all'inizio della produzione di un podcast, anche il risparmio rappresenti un guadagno e la possibilità di investire risorse economiche su altri fronti.

Il mio consiglio dunque è di investire gradualmente sulla strumentazione. Iniziare in modo umile, con dispositivi meno costosi ti da la possibilità di crescere, di migliorare nel tempo. Gli ascoltatori saranno i primi ad accorgersene.

In questo capitolo ti darò tutte le indicazioni e i consigli utili per procurarti la strumentazione necessaria e più adatta alle tue esigenze. Per ogni strumento che verrà nominato troverai un link diretto ad Amazon. Naturalmente alcuni articoli col passare del tempo potrebbero non essere più disponibili, ma attraverso la scheda del prodotto potrai cercare articoli simili per caratteristiche e prezzo.

Cominciamo subito dallo strumento più importante (che è anche gratis).

La voce

Qual è il primo strumento di cui hai bisogno per realizzare il tuo podcast? Ti sembrerà scontato ma è proprio la tua voce ed io penso che sia anche quello più importante.

La voce è il tuo biglietto da visita e ti permette di esprimerti e di comunicare. Per chi fa podcasting in particolare è il mezzo attraverso il quale le persone che ti ascoltano imparano a conoscerti, mediante il quale si crea un empatia e che può influenzare la percezione che gli altri hanno di te, dal momento che non ti possono vedere.

Tutto quello che so sulla voce e il suo utilizzo l'ho imparato dal mio amico Giorgio D'Ecclesia, creatore di Radiospeaker.it, speaker radiofonico e autore del manuale "Teorie e tecniche di conduzione radiofonica" (Editore Lulu, seconda edizione 2013). Giorgio, che in passato è stato mio cliente, un giorno mi ha invitato a partecipare ad uno dei suoi corsi di dizione. Durante questo corso ho potuto ricevere da lui tanti consigli importanti sull'utilizzo della voce e oggi li voglio condividere con te. Ecco quali sono:

1. **Sorridi mentre parli**. Sì hai capito bene, parlare con il sorriso sulle labbra coinvolge chi ti ascolta sia mental-

mente che emotivamente. Se saprai sorridere anche mentre esprimi concetti complicati, le persone, pur non vedendoti, in qualche modo se ne accorgeranno e ti seguiranno con maggiore attenzione.

2. **Parla come mangi.** Non atteggiarti, usa un linguaggio semplice e colloquiale. Non fare giri di parole per esprimerti e non utilizzare termini troppo difficili da capire o al di fuori dal linguaggio comune. Il tuo obiettivo è quello di farti comprendere da tutte le persone che ti ascoltano e quindi usa un linguaggio che permetta loro di assorbire i tuoi concetti con maggiore facilità ed efficacia.

3. **Non parlarti addosso.** Mi riferisco al fatto che il tuo compito è quello di informare o intrattenere le persone che ti ascoltano e tu devi rispettare il loro tempo. Parla per chi ti ascolta e non per te stesso e focalizzati sui concetti chiave ovvero sui contenuti di valore dei quali ha bisogno.

4. **Sii professionale e mai privato.** Se vuoi diventare un bravo podcaster pensa sempre che il tuo scopo è quello di offrire un servizio a chi ti ascolta e che non è interessato a te o alla tua vita privata ma ai tuoi contenuti. Giorgio D'Ecclesia mi ha detto che chi fa un podcast è una specie di "sommelier" dei contenuti che appena accende il microfono deve indossare la sua divisa e servire il pubblico offrendogli i contenuti migliori che rispondono ai suoi bisogni e interessi.

5. **Attenzione alle pronunce straniere.** Non puoi permetterti brutte figure sbagliando le pronunce e quindi, se hai dei dubbi, informati e controlla. Come fare? Puoi cercare su YouTube un video che ti permetta di ascoltare la corretta pronuncia di una parola o di un personaggio famoso. In alternativa usa Google Translate attraverso il quale puoi digitare e ascoltare la parola corrispondente. Esistono poi dei siti web dedicati come per esempio http://

howjsay.com/ che ti permetteranno di chiarire i tuoi dubbi.

6. **Articola bene le parole.** Ricordati che hai solo la voce per comunicare e quindi ogni lettera deve essere rispettata. Evita quindi di troncare le frasi mangiandoti le parole. Ti svelerò un piccolo trucco che viene dal teatro e che ti aiuterà ad evitare di incorrere in questo errore. Prendi una matita, stringila tra le labbra e leggi un testo per una decina di minuti, poi toglila e rileggi lo stesso testo. Vedrai come la tua lettura sarà più fluida e le parole più nitide. Fai questo esercizio con costanza come faccio io e anche tu ne rimarrai soddisfatto.

7. **Attenzione alla dizione.** Mi riferisco alle vocali e alle consonanti sulle quali bisogna stare attenti e che sono: "è é - ò ó - s - z - c ". L'accento tonico che va dall'alto verso il basso indica che la vocale è aperta e andrà pronunciata in un certo modo. Quello che va dal basso verso l'alto indica una vocale chiusa che si deve pronunciare in modo diverso. Stai attento anche alle consonanti che vanno pronunciate nel modo giusto per evitare spiacevoli inflessioni dialettali. È importante anche la pronuncia delle doppie. Si dice "sabato" non "sabbato" oppure "libero" e non "libbero" e così via. Quindi bisogna imparare a pronunciare le parole come sono scritte. Come si fa a capire qual è la pronuncia corretta? Impara ad usare il vocabolario. In particolare ti consiglio di utilizzare il DOP (Dizionario italiano multimediale e multilingue d'ortografia e di pronunzia) che è messo a disposizione dalla RAI e fruibile online (http://www.dizionario.rai.it/). Ti basterà cercare la parola che ti interessa digitandola nell'apposito spazio e una volta lanciata la ricerca scoprirai oltre al significato, gli accenti giusti e potrai anche ascoltare la relativa pronuncia facendo clic sulla freccina che si trova a fianco alla parola cercata. Bisogna impegnarsi molto e fare esercizio. Prova a prendere un libro e, utilizzando il dizionario, metti l'accento giusto su ogni singola parola di ogni pagina del li-

bro e leggi ad alta voce. Non è facile ma l'impegno e la costanza ti ripagheranno ampiamente degli sforzi fatti.

Il passo successivo per perfezionarsi è sicuramente un corso di dizione. Non ti sto dicendo che lo devi fare per forza, ma se deciderai di indirizzare il tuo investimento anche su questo aspetto sicuramente ne trarrai beneficio in termini di professionalità. Esiste un ottimo corso di dizione online (http://dizione.it/) creato da RadioSpeaker.it che, oltre alla comodità di poter essere frequentato interamente online, in qualsiasi luogo e a qualsiasi orario, è anche un modo economico di iniziare a studiare dizione per migliorare la tua voce.

Microfono e cuffie

Un altro strumento molto importante per la realizzazione di un podcast è il microfono.

Un microfono di qualità ti permette di ottenere una traccia audio (il cosiddetto bianco) professionale e piacevole da ascoltare.

Puoi scegliere quello più adatto a te tra queste alternative:

- **Auricolare dell'iPhone** – Ti permette di cominciare senza dover investire subito nell'acquisto di un microfono costoso. Si tratta di uno strumento pratico, di qualità e che ben si adatta a situazioni di mobilità. Per esempio Paolo Pugni, autore del podcast "Vendere Valore", registra così le sue puntate mentre si sposta da un luogo all'altro della sua città approfittando dei tempi morti tra una consulenza e l'altra. Io stesso lo utilizzo in diverse occasioni con buoni risultati.

- **Cuffie con microfono da gaming** – Hai capito bene sono le cuffie che si utilizzano per i videogiochi. Le utilizza Luca Correnti, autore del podcast "Air Raid", che ho intervistato in occasione del "Festival del Podcasting" 2016.

- **Microfono Lavalier (detto anche a "farfalla")** – Piccolo, leggero ed economico, può essere collegato al dispositivo di registrazione (pc o smartphone) via cavo o wireless. È l'ideale per registrare un soggetto in leggero movimento, all'esterno o in contesti un po' rumorosi, poiché il microfono viene fissato sul bavero e "segue" la persona che deve registrare. Andrea Ciraolo, autore di "Passione Podcast" ha iniziato con questo tipo di microfono e quando è passato al più professionale microfono a condensatore (del quale ti sto per parlare) alcuni dei suoi ascoltatori non hanno notato la differenza.

- **Microfono a condensatore** – Il microfono a condensatore è un microfono particolarmente sensibile che ti offre un suono ricco e di qualità. Solitamente si collega direttamente al computer tramite cavo USB. Io utilizzo il microfono a condensatore Samson C03U (http:// youmediaweb.com/samsonc03u) che dispone di tre diverse modalità di funzionamento, a seconda della provenienza del suono: cardioide (o unidirezionale), doppio cardioide (o bidirezionale) e ambientale (o omnidirezionale). Sul mercato esistono diversi modelli di microfono a condensatore come per esempio il Blue Microphones Yeti (che è quello che utilizzano Alessio Beltrami, autore e conduttore di diversi podcast sui temi del content marketing e dei blog aziendali e Angelo Ricci autore del podcast "Sognatori Svegli") oppure il Samson Meteor più leggero e facilmente trasportabile.

- **Microfono a condensatore con connettore XLR** – Tra questi ti segnalo il Neumann BCM 705 che utilizza Franco Solerio autore del podcast "Digitalia" o in alternativa, come ha fatto per esempio Lorenzo Pieri

39

autore del podcast "La Voce del Poeta", potresti acquistare un microfono Rode NT2A per poi passare ad un Neumann TLM 102. Per collegare questi microfoni al tuo computer avrai bisogno di un mixer, per esempio il Tascam DR680 che potrai anche utilizzare come registratore digitale esterno attraverso una scheda SD Card, come fanno Gaia Manco autrice dei podcast "Yebo! L'Africa è in onda " e "Accidentally in Joburn" e Lorenzo Pieri.

A meno che non sia già integrato nel microfono, ti consiglio anche di utilizzare un filtro anti-pop (http://youmediaweb.com/filtroantipop).

Questo filtro protegge il microfono dagli sbalzi di pressione dell'aria che si verificano in corrispondenza dell'emissione di alcuni suoni come per esempio le consonanti "p" o "t". Sia il filtro anti-pop che una spugna da infilare sul tuo microfono potranno preservare il tuo microfono dall'umidità delle micro gocce di saliva che usciranno dalla tua bocca durante la registrazione.

A questo punto ti servirà anche un'asta o, come faccio io, un supporto da tavolo per sostenere il tuo microfono (http://youmediaweb.com/bracciopermicrofono) e un paio di cuffie. Io ti consiglio delle cuffie chiuse circumaurali che ti isolano completamente e ti permettono di non far rilevare dal microfono il ritorno dell'audio che hai in cuffia (http://youmediaweb.com/cuffiesennheiser).

Le cuffie ti consentiranno di monitorare bene la qualità dell'audio. Riascoltando la traccia dopo la registrazione, non rischierai di farti sfuggire eventuali imperfezioni che potrai correggere prima di passare al montaggio.

Potrebbero anche tornarti utili dei pannelli fonoassorbenti da posizionare all'interno della stanza nella quale registrerai il tuo podcast per eliminare il fastidioso effetto del riverbero. Puoi scegliere tra diversi modelli come per esempio i pannelli riposizionabili Soundwave Squares o i rotoli Waveform PET che hanno un costo di un centinaio di euro e consentono di migliorare l'esperienza d'ascolto e la qualità della registrazione.

Software di registrazione e montaggio

Per registrare la tua traccia audio oltre al microfono ti servirà un dispositivo come un computer, un tablet o uno smartphone. È importante che questi dispositivi siano abbastanza recenti e performanti per evitare che vadano in crash e si blocchino proprio durante la registrazione.

Per quanto riguarda gli smartphone tutti hanno un'applicazione preinstallata per le registrazioni audio. In alternativa puoi cercare in rete tra le tante applicazioni (gratuite o a pagamento) che ti permetteranno di impostare alcuni parametri come per esempio la frequenza o il livello di compressione e ottenere un risultato più sofisticato.

Ad oggi, esistono tanti strumenti professionali per la registrazione e il montaggio dei file audio.

Come ti ho già detto, io non sono un fanatico dell'ultima tecnologia uscita sul mercato. La cosa importante è scegliere lo strumento più adatto alle proprie esigenze, che funzioni bene e che sia semplice da utilizzare.

Puoi scegliere tra alcuni programmi che io stesso ho provato e utilizzo correntemente per il mio podcast "Strategia Digitale".

Il primo è Audacity (https://www.audacityteam.org/) un software gratuito e open source per la registrazione e il montaggio audio, molto semplice ma estremamente efficace soprattutto per chi è alle prime armi. Questo programma ti consente in particolare di:

- registrare tracce audio;

- importare ed esportare tracce audio in vari formati;

- editare la traccia audio attraverso delle funzioni di base (per esempio "taglia", "copia", "incolla" e così via),;

- applicare diversi filtri e di effetti sonori, aumentare il volume o applicare una compressione.

Il secondo è Spreaker Studio (https://spreaker.com/ download) che secondo me è uno dei migliori software di registrazione e montaggio attualmente disponibili.

Utilizzando Spreaker Studio ti sembrerà di avere un piccolo studio di registrazione a portata di mano ed è molto semplice da utilizzare per la produzione di podcast "al volo".

Spreaker Studio ti consente principalmente di:

- registrare il podcast per poi pubblicarlo in un momento successivo;

- trasmettere in diretta interagendo con gli ascoltatori attraverso una chatbox;

- usare effetti sonori e basi musicali;

- registrare da varie fonti audio contemporaneamente.

Come ti ho già detto si tratta di strumenti molto semplici e intuitivi. Se hai dei dubbi, sul Web potrai trovare diversi tutorial attraverso i quali scoprire ed esplorare le diverse funzionalità di Spreaker Studio o capire come installare e configurare Audacity e come usarlo per esportare file nel formato MP3.

Software per registrare le interviste

Se stai pensando di registrare delle interviste per il tuo podcast o dei contributi audio esterni (cioè di persone che non sono fisicamente accanto a te e al tuo microfono) puoi utilizzare Skype.

Skype è un programma che ti consente di chiamare (o videochiamare) qualsiasi persona nel mondo, purché disponga anch'essa di un account Skype. Funziona da computer a computer ma anche da computer a telefono fisso o cellulare.

Come fare per registrare da Skype? Esistono dei software come Skype Call Recorder (per Mac) o Pamela (per Windows) che ti permettono di registrare la traccia audio della tua chiamata Skype in maniera molto semplice. Pamela è gratuito mentre Skype Call Recorder della Ecamm ha un costo di circa 40 dollari (http://www.ecamm.com/mac/callrecorder/).

Se stai utilizzando Spreaker Studio potrai registrare la comunicazione avviata su Skype direttamente su Spreaker attraverso l'installazione di un programma che si chiama Soundflower (http://www.youmediaweb.com/soundflower).

Soundflower cattura il flusso audio in uscita da Skype e lo trasforma in un flusso audio in entrata che potrai inserire nel tuo mixer virtuale di Spreaker Studio come faresti con un normale microfono.

Esiste anche un altro sistema per registrare le interviste: gli eventi dal vivo di YouTube con la tecnologia di Google Hangouts (https://www.youtube.com/my_live_events).

Si tratta di un'applicazione che permette di effettuare chiamate e videochiamate, anche con più persone sia da pc che da mobile e in maniera totalmente gratuita. Per poterlo utilizzare devi avere a disposizione un account Google / YouTube e avere la funzionalità live streaming abilitata dal pannello delle funzioni all'interno del tuo account YouTube (https://www.youtube.com/features).

Sia con Skype che con Google Hangouts puoi registrare sia l'audio che il video. Con Skype, al termine della registrazione, troverai il file salvato sul tuo computer. Con Google Hangouts il file sarà salvato in remoto sul tuo account YouTube e da lì lo potrai scaricare.

CREA CONTENUTI DI VALORE

I contenuti

Dopo aver analizzato gli strumenti, occupiamoci dei contenuti.

Con questo termine mi riferisco sia agli argomenti che deciderai di trattare all'interno del podcast che alla forma attraverso la quale questi verranno espressi.

I contenuti sono il cuore del tuo podcast. Potrai trovare le più svariate strategie di marketing per promuoverlo ma se i contenuti non sono di valore, il podcast non sarà vincente.

La prima cosa da fare è creare un piano editoriale attraverso il quale definire gli argomenti che rientrano nel tuo focus e dei quali dovrai parlare per soddisfare l'interesse del tuo pubblico.

Il miglior veicolo del brand sono i contenuti, le storie che racconti e il ricordo che di queste storie rimane in chi ti ascolta. In fase di elaborazione del piano editoriale è importante fare riferimento al brand positioning di cui ti ho già parlato nel primo capitolo. Le risposte che hai dato alle 5 domande che ti permettono di definirlo (Chi sei? Che cosa fai? Per chi lo fai? Come lo fai? Perché lo fai?) ti aiuteranno a capire attraverso quali contenuti e con quale forma potrai servire le persone che ti ascolteranno.

Agire secondo la logica del "people first" cioè focalizzando l'attenzione su quello che realmente interessa alle persone, è il primo passo da compiere per realizzare contenuti di valore.

Le persone che ascoltano "Strategia Digitale" per esempio sono persone che hanno intuito che il mondo digital offre delle opportunità di business che possono fare la differenza, ma non hanno capito come questo sia possibile e da dove bisogna iniziare. Nel mio podcast io le aiuto a scoprire come si fa e in particolare:

- rispondo alle domande che le persone mi rivolgono;

- presento tool, software e servizi che possono aiutarle e agevolarle nello svolgimento del loro lavoro;

- spiego dei concetti di base dei quali hanno sentito parlare più volte ma che magari non hanno ben capito o approfondito;

- suggerisco letture di approfondimento.

Tutti questi ingredienti concorrono alla realizzazione dei loro obiettivi ed ho scelto di metterli insieme nella forma dell'intrattenimento, cioè mi esprimo in maniera informale e non dogmatica (come invece possono fare marketer o formatori) e quando è il caso mi faccio anche una risata.

Come fare per capire quali sono esattamente gli obiettivi delle persone alle quali ti rivolgi e mettere a fuoco la forma e il contenuto più adatti? Io ti consiglio di utilizzare queste strategie.

1. **Ragiona.** Pensa bene e rifletti su quello che risponde effettivamente alle esigenze delle persone. Nel mio podcast "Strategia Digitale" è il ragionamento che mi porta a scegliere di fare per esempio delle puntate monografiche ispirate a concetti chiave del marketing come lo "Zero Momenth of Truth" o ciò che sta dietro all'introduzione di nuove tecnologie come "Pokemon Go" verificando la loro possibilità d'impiego nel business online.

2. **Studia il mercato.** Verifica se sul mercato esistono già altri podcast affini al tuo, che si rivolgono al tuo stesso pubblico e osserva come vengono fatti. Se tra i tuoi ascoltatori ci sono per esempio degli amanti della tecnologia che ascoltano"Digitalia" di Franco Solerio presta atten-

zione a come viene realizzato. Il podcast "Digitalia" si occupa di tecnologia e lo fa con uno stile amichevole anche se le digressioni filosofiche o sociologiche non mancano. All'interno di questo podcast vengono inseriti suggerimenti su piccoli tool o software da utilizzare (i cosiddetti "gingilli del giorno"). Tutto questo ti aiuterà a capire che anche i tuoi ascoltatori molto probabilmente apprezzeranno uno stile colloquiale, così come dei suggerimenti e dei consigli su nuovi software da provare.

3. **Osserva la tua audience.** Una volta che avrai avviato il tuo podcast, potrai dialogare con i tuoi ascoltatori per capire che cosa vogliono. Non è sempre facile perché spesso le persone si rendono conto di aver bisogno di qualcosa, ma non sanno bene neanche loro di cosa si tratta, sta a te saperle osservare. Con il mio podcast ho osservato che le persone mi contattavano via email, dopo aver parlato in puntata dello "Zero Moment of Truth", per complimentarsi per l'argomento interessante, ma poi mi chiedevano come fare per aumentare il numero dei mi piace sulla pagina Facebook. Così ho pensato di dare loro la possibilità di inviarmi delle domande in formato audio (tramite il canale Telegram http://telegram.me/strategiadigitale) e di farle contribuire attivamente alla definizione del piano editoriale. Un'altra cosa che ti consiglio di fare è osservare quali sono le puntate che hanno il maggior numero di ascolti. In questo modo io mi sono reso conto che le persone preferiscono ascoltare i contenuti di "Strategia Digitale" dalla mia voce invece che da quella degli ospiti. Così ho cominciato a ridurre la percentuale di tempo parlato da parte dell'ospite e di rispiegare reinterpretando i contenuti da lui espressi.

Dopo che avrai ragionato, studiato il mercato, osservato il tuo pubblico e valutato quale possa essere il contenuto e la forma migliori, cerca il tuo stile.

È inutile fare le stesse cose che fanno gli altri perché vedi che hanno dato dei buoni risultati o che possono produrli, ma che a te richiedono uno sforzo eccessivo, ti mettono a disagio o non corrispondono al tuo modo di essere.

Nel podcasting, come in tante altre cose, non ci sarà un "modo migliore" di farlo ma solo il "tuo modo" e i tuoi elementi di unicità serviranno a distinguerti dagli altri podcaster e a farti ricordare ed amare dal tuo pubblico. Non c'è nessun vantaggio ad essere la "brutta copia" di qualcun altro.

Ricordati che "competence makes confidence" cioè che devi trovare il tuo modo di fare le cose in base alle tue competenze e capacità. Laddove sei competente hai anche una maggiore sicurezza.

Aggregare le fonti

Dopo aver capito di che cosa parlare e di come farlo devi individuare le fonti dalle quali attingere i temi e gli argomenti che svilupperai nel podcast.

Quali sono le fonti dei contenuti?

1. **Podcast.** Un bravo podcaster secondo me è prima di tutto un ascoltatore di podcast. Ascoltando altri podcast potrai trovare informazioni, persone e temi interessanti da portare all'interno del tuo. Inoltre potrai immedesimarti nel ruolo e nelle dinamiche delle persone che lo ascoltano per riuscire a soddisfare le loro esigenze in maniera ancor più specifica. Io stesso sono un ascoltatore di podcast e mi capita di attingere informazioni per esempio, dai podcast "Digitalia" per quanto riguarda gli argomenti o "Italian Indie" per l'individuazione di nuove persone da intervistare.

2. **YouTube.** Dall'osservazione dei video online su una piattaforma come YouTube potrai trovare tante informazioni e suggerimenti da utilizzare per il tuo podcast. In questo modo offrirai la possibilità, anche a persone che sono abituate a seguire i podcast invece dei video, di fruire contenuti diversi ai quali altrimenti non avrebbero accesso. Se, per esempio, il tuo podcast si occupa di turismo, all'interno di YouTube troverai senz'altro tanti video interessanti dai quali prendere spunto per arricchire i tuoi contenuti.

3. **Libri.** Anche i contenuti dei libri possono essere agevolmente trasferiti all'interno di un podcast. Pensa per esempio al podcast "Crescita personale" di Simone Bedetti che vi inserisce delle parti di audiolibri o che ne fa leggere direttamente alcuni tratti. Così facendo attingi i contenuti per il tuo podcast direttamente da una fonte di qualità.

4. **Feed RSS (Really Simple Syndication).** Si tratta di uno strumento molto comodo e utile per aggregare varie fonti di tuo interesse all'interno di un unico flusso di informazioni. Attraverso un aggregatore di feed RSS, come per esempio Feedly, puoi tenere sotto controllo tante notizie diverse e averle poi a disposizione in un unico file che raccoglie in ordine cronologico, tutti i contenuti dei siti web che ti interessano. Grazie a questo strumento risparmierai tempo prezioso che altrimenti avresti dovuto dedicare a visitare singolarmente tutti questi siti. Utilizzare i feed RSS in pratica ti permette di avere a disposizione una sorta di rassegna stampa gratuita e personalizzabile. In passato ho lavorato all'ufficio comunicazione del Comune di Roma. Qui avevo creato un aggregatore di feed i quali contenevano le parole "sindaco", "Comune di Roma", il nome e cognome del sindaco e così via e che faceva riferimento a Google News. In questo modo al mattino mi bastava accendere il computer e aprire l'aggregatore per trovare tutte le notizie di interesse in un'unica schermata.

5. **Google Trends.** Questo strumento messo a disposizione da Google ti aiuta a capire come le parole o le combinazioni di parole vengono cercate nel tempo e anche l'evoluzione nel tempo dell'interesse su determinati argomenti. Per capire come funziona Google Trends prova a fare questo test. Pensa a un personaggio famoso che è venuto a mancare da poco, per esempio Michael Jackson, digita il suo nome e lancia la ricerca. Il risultato sarà una curva che sale e scende nel tempo influenzata da diversi fattori. Per esempio salirà ogni volta che è uscito un suo disco, scenderà nei periodi di inattività per poi risalire vertiginosamente al momento della sua morte. Puoi utilizzare Google Trends per qualsiasi tema e argomento, mettendo a confronto tra di loro più parole chiave o più temi per scoprire l'interesse delle persone nel tempo e ricavare delle idee utili per creare i tuoi episodi. Grazie a questo strumento io stesso sono riuscito a dare vita al mio ultimo podcast "Fare Podcasting". Google Trends mi ha dato la possibilità di osservare che una decina d'anni fa era nato un forte interesse intorno al podcasting. Poi c'è stata una discesa alla quale è seguita negli ultimi anni una risalita. Mi sono chiesto il perché ma soprattutto se erano cambiate delle condizioni tali da giustificare questa risalita. Effettivamente il cambiamento c'è stato. Oggi quasi tutti abbiamo lo smartphone con gli auricolari, una connessione internet mobile e siamo abituati ad andare in giro con un device digitale. Inoltre abbiamo sempre meno tempo a disposizione e nella "guerra dell'attenzione", tra i diversi strumenti per fare content marketing e fruire dei tanti contenuti di valore che esistono, il podcast è senza dubbio lo strumento vincente.

6. **Ubersuggest e Answerthepublic.** Questi strumenti, pensati in origine per chi si occupa di posizionamento sui motori di ricerca, possono essere molto utili anche per un podcaster in cerca di nuove idee per i suoi contenuti. Ubersuggest (https://neilpatel.com/ubersuggest/), che

utilizza il database di Google, serve per capire quali sono le parole più cercate dalle persone sui motori di ricerca, provando le combinazioni di una parola chiave con tutte le lettere dell'alfabeto ed elencandole in base al volume di ricerca. Answerthepublic (https://answerthepublic.com/) fa qualcosa di simile ma combinando la parola chiave di partenza con parole come "come", "cosa" o "quando" in modo da individuare le domande che le persone pongono su uno specifico tema. Dal momento che è più semplicee a farlo che a dirlo, prova ad andare su Ubersuggest, inserisci la tua parola chiave e dai l'invio. Il risultato sarà una lista più o meno lunga di parole o di frasi composte, ordinata secondo il volume di ricerca. Se digiterai per esempio la parola "podcast" i risultati ti mostreranno che, alla combinazione di questa parola con la lettera "c", le persone hanno cercato "podcast cos'è" oppure "podcast come funziona". Invece alla combinazione con la lettera "m" hanno cercato "podcast migliori", "podcast musica" e così via. Così facendo sarà dunque più semplice aiutare le persone a raggiungere i loro obiettivi perché sapremo esattamente di cosa hanno bisogno.

7. **Backchannel.** Un buon modo per alimentare i tuoi contenuti soprattutto se hai bisogno di capire che cosa esattamente vogliono sapere le persone su determinati argomenti, è usare un backchannel cioè un canale di dialogo diretto con gli ascoltatori. Personalmente in passato utilizzavo molto le email o la mia pagina Facebook oggi invece utilizzo prevalentemente il canale Telegram http://telegram.me/strategiadigitale. Altri podcast come per esempio "Digitalia" utilizzano un canale Slack. Questi canali sono utili non soltanto per capire cosa vogliono sapere le persone ma anche per interagire con loro chiedendogli delle informazioni e offrendogli così la possibilità di entrare nel podcast passando come si dice dall'altra parte della barricata. Questo dialogo diretto con la tua commu-

nity trasforma quest'ultima in una ricchezza molto importante per il tuo podcast.

Scegliere i formati editoriali

Dopo aver capito di che cosa vuoi parlare e dove puoi reperire le informazioni che ti interessano devi decidere come parlarne e quindi scegliere il formato editoriale più adatto.

Io suddivido i formati editoriali in tre categorie diverse: cominciamo considerando quante persone saranno coinvolte nella creazione del contenuto:

- **il monologo** dove c'è un unica persona che crea il contenuto e che parla anche utilizzando contributi esterni, ma che resta comunque al centro della trasmissione anche dal punto di vista del personal brand;

- **il dialogo** che può essere tra due o più persone che stanno sullo stesso piano, che si alternano e parlano tra loro creando il contenuto;

- **l'intervista** che è una categoria ibrida in quanto si tratta sostanzialmente di una forma di dialogo in cui però le persone non stanno sullo stesso piano. Ci sono un conduttore e un ospite che producono il contenuto in maniera primaria. Si tratta di un mezzo molto potente che molti podcaster utilizzano perché ha dei vantaggi soprattutto se si vuole utilizzare il podcast come strumento di social networking.

Cominciamo parlando del primo formato editoriale: il monologo. All'interno di questa categoria si sono sviluppate diverse forme di conduzione singola particolarmente efficaci. Ne ho raccolte alcune a beneficio di te che leggi e che possono aiutarti a capire e scegliere tra i formati di successo quello più adatto ai contenuti del tuo podcast ma come sempre quando si parla di creatività non esistono regole e l'unico limite è la fantasia.

- **Rassegna stampa.** Questo è il formato che ho scelto inizialmente per il mio podcast "Strategia Digitale" (che allora si chiamava "Web Marketing 24") che era appunto una rassegna stampa di notizie sul mondo del digital, del marketing e della comunicazione online. Perché ho scelto di cominciare così? Io stesso ascoltavo la rassegna stampa del programma "Prima Pagina" di Radio RAI 3. Questo programma mi consentiva, pur senza leggere i giornali, di avere a disposizione un concentrato delle notizie principali all'interno di un programma radiofonico fruibile anche in mobilità. Questo formato si fonda sul meccanismo della "content curation", cioè sulla capacità del conduttore, che è un professionista esperto, di aggregare (anche tramite un aggregatore di feed RSS) notizie che provengono da varie fonti, selezionare le più autorevoli e interesanti, leggere le notizie e commentarle, offrendo anche a chi non è un esperto la possibilità di fruirne. In questo modo hai la possibilità di servire le persone interessate a contenuti che già esistono ma ai quali non possono accedere perché troppo tecnici o complessi. "Digitalia" per esempio pubblica durante la settimana, sul canale Slack, una serie di notizie che vengono poi commentate sotto forma di talk show durante la trasmissione. In realtà questa non è una vera e propria rassegna stampa poiché qui le notizie non vengono riportate direttamente ma viene solo accennato il tema, a volte spiegato velocemente il contesto e si da spazio soprattutto al commento. Si tratta comunque di una dinamica molto apprezzata e utilizzata da diversi podcaster. La rassegna stampa ha anche il vantaggio di conciliarsi bene col workflow di un professionista, cioè con la necessità di aggiornamento professionale. Attraverso la creazione del podcast puoi avere anche uno stimolo a non smettere di studiare. Per me è stato così per molto tempo e traevo beneficio proprio dal fatto che, dovendo realizzare contenuti di valore, avevo bisogno di leggere tanto e di informarmi, cosa che altrimenti, per mancanza di tempo, non avrei potuto fare.

- **Programma radiofonico.** È il formato utilizzato da molti podcaster che vengono dal mondo della radio ed è caratterizzato dal fatto che ci sono delle parti di "parlato" intervallate da brani musicali. Ti consiglio questa forma se il tema del tuo podcast è la musica perché ti da la possibilità di parlare della musica che si ascolta come se la commentassi oppure se tratti argomenti difficili da digerire. Questo è il caso del podcast "Crescita personale" di Simone Bedetti che, dopo aver espresso un concetto complesso, manda un brano musicale. In questo modo consente di distendere l'attenzione e di assorbire il concetto espresso in un contesto di intrattenimento. Sicuramente questo formato da un ritmo più piacevole alla trasmissione, però fai attenzione perché, se sceglierai di utilizzarlo, dovrai confrontarti anche col diritto d'autore sui brani musicali. Il mio consiglio è di utilizzare solo quelli con licenza Creative Commons, senza incorrere nella necessità di pagare le royalty agli autori dei brani stessi.

- **Commento.** Può essere il commento di un testo, di un inserto audio tratto da un film (nel caso in cui per esempio il tuo podcast si occupi di cinematografia) o di un audio libro. Personalmente mi è capitato di utilizzare nel mio podcast degli inserti audio tratti da video di YouTube, conferenze di colleghi o interviste che poi io commentavo, offrendo un ulteriore approfondimento. Anche questo formato consente di dare più ritmo al monologo che altrimenti potrebbe risultare noioso poiché fatto da una sola voce. Ricordo con piacere un episodio del podcast di "Crescita personale" di Simone

Bedetti in cui spiega lo spirito assoluto di Hegel anche grazie a degli inserti audio di lettura del testo. Si tratta quindi di un mezzo grazie al quale persino argomenti come la filosofia possono essere comunicati e divulgati in maniera semplice ed efficace. Potrai costruire questo formato definendo prima il tema della puntata. Poi raccoglierai gli inserti audio e sceglierai cosa dire prima di introdurre l'inserto audio e dopo, per spiegarlo e approfondirlo.

- **Lettura.** Qui il contenuto è una sorta di unico inserto audio privo di alcun commento. È quello che fa Lorenzo Pieri autore del podcast "La Voce del Poeta", e lettore di grandi classici della letteratura mondiale. Ogni giorno lui registra la lettura di un capitolo di questi libri dalla sua viva voce realizzando così dei podcast che sono in realtà molto simili a degli audio-olibri. Rispetto a questi ultimi però chi ascolta il podcast beneficia della distribuzione gratuita dei contenuti ,mentre chi li realizza ha la possibilità di arrivare ad un pubblico più ampio. Se sei un docente universitario e vuoi costruire il tuo personal brand attraverso il podcast, un appassionato di letteratura o di altri temi specifici rispetto ai quali puoi offrire delle letture ad alta voce, ti consiglio di utilizzare questo formato. Si tratta di un modo molto semplice di offrire contenuti tramite il podcast ed è anche meno impegnativo poiché qui la parte creativa è senz'altro minore rispetto ad altri formati.

- **Q&A.** È il formato conosciuto in America come Question & Answer, cioè della domanda e risposta. Questo formato sta diventando molto popolare; è quello che utilizza per esempio l'imprenditore newyorkese Gary Vaynerchuk, di cui ti ho già parlato, titolare di una grande agenzia di Inbound Marketing. Gary Vaynerchuk ha creato una trasmissione originariamente video ma che ha poi trasformato anche in podcast, nella quale risponde ogni giorno alle domande provenienti dalle persone che lo seguono attraverso i social media. All'interno di "Strategia Digitale" io stesso utilizzo anche questo formato rispondendo in trasmissione alle domande che mi fanno le persone in formato audio attraverso il canale Telegram. Non è semplicissimo da utilizzare perché richiede un alto livello di focus e la capacità di rispondere anche a domande alle volte troppo semplici, troppo complicate oppure così specifiche da non sapere se interesseranno a tutti. A fronte di questo ci sono però due grandi vantaggi. Il primo è che siamo certi che le domande che ci vengono rivolte sono quelle che realmente interessano ai nostri ascoltatori. Il secondo sta nel fatto che possiamo creare in chi ci ascolta la sensazione che noi siamo in grado di rispondere ai loro bisogni e problemi specifici. Quindi laddove offri dei servizi di consulenza e il tuo impegno è volto all'ascolto e alla comprensione delle persone per aiutarle, questo è senz'altro un formato che potrà esserti utile per consolidare il tuo personal brand.

Dopo aver visto le varie forme che ti permettono di realizzare un monologo, passiamo ora al secondo formato editoriale che è il dialogo.

Se non sei come si dice un "animale da palcoscenico" e potresti avere delle difficoltà a intrattenere da solo la tua audience, il dialogo può essere per te una valida alternativa al monologo.

Mentre una sola voce potrebbe risultare noiosa, l'alternanza di due, soprattutto se si tratta di una maschile e l'altra femminile, crea una storia, un tessuto di relazione che emoziona, attira e coinvolge l'attenzione di chi ascolta. Se c'è empatia tra le persone che parlano, allora si creerà empatia e maggiore attenzione anche in chi ascolta.

Esistono diversi formati di dialogo, per esempio quello multiplo che viene utilizzato nel podcast "Digitalia" dove Franco Solerio, Massimo De Santo, Michele Di Maio, Giulio Cupini e Francesco Facconi si alternano tra loro e parlano di vari temi, con distensione ma non poca professionalità.

Un altro formato è quello del "poliziotto buono e poliziotto cattivo" dove il primo solitamente è quello che appare più esperto, professionale e tecnico nel parlare mentre il secondo è quello più divulgativo che riporta il discorso ad un livello più semplice e comprensibile anche ai non specialisti. Questo è molto utile perché permette di creare un programma che va bene al tempo stesso sia per gli esperti del settore che per chi è alle prime armi rispetto a ciò di cui si parla.

Su questo schema è nato il podcast "Vendere con Linkedin" dove il dialogo inizialmente si svolgeva tra Fabio De Vita che faceva la parte del "poliziotto cattivo" cioè il professionista esperto di Linkedin, e il sottoscritto che invece era il "poliziotto buono" cioè il novizio che doveva imparare a usare il social network professionale da questo insegnante.

Ti segnalo anche l'esempio del primo podcast al quale ho partecipato: "Caffè 2.0" di Valentino Spataro. Noi due ci sentivamo via Skype e, registrando la nostra conversazione, chiacchieravamo di quello che ci aveva colpito durante la settimana, dal mondo della tecnologia.

Dopo il monologo e il dialogo, il terzo formato editoriale è l'intervista. Le interviste sono uno strumento molto importante, una vera e propria arma segreta per il tuo podcast.

Ma quali sono i motivi per i quali vale la pena di scegliere questo formato editoriale?

- **Il primo motivo** ha a che fare con i contenuti. Basando il contenuto che crei su un'intervista puoi dire che il contenuto centrale dell'episodio del podcast è portato dalla persona intervistata. Intervistando un esperto di un determinato settore (o come si dice un influencer), la creazione dei contenuti sarà più semplice in quanto, anche se non sei un esperto e non hai fatto studi specifici in materia - ma sei un bravo intervistatore - potrai attingere direttamente dal suo know-how, dalle sue conoscenze ed esperienze. Questo però non significa che per fare un'intervista basti lavorare poco o che sia sufficiente telefonare all'esperto e lasciarlo parlare. Ricordati che tu hai una grande responsabilità cioè quella di individuare da un lato dei personaggi che siano realmente di valore e che possano contribuire positivamente al tuo podcast e alla conoscenza dei tuoi ascoltatori e dall'altro di fare in modo che, preparando bene l'intervista, cercando di fare le domande giuste e instaurando con l'intervistato un rapporto di fiducia e stima reciproca, il contenuto prodotto sia realmente di valore. Non c'è niente di peggio che ascoltare un'intervista fatta male. Tutte le potenzialità e i vantaggi che possiamo ravvisare nell'intervista in realtà vengono annullati qualora il contenuto finale non sia di valore. Al contrario un' intervista fatta ad un ospite di medio calibro ma che viene opportunamente introdotto, ben valorizzato attraverso le domande giuste e messo nella condizione di sentirsi a suo agio durante l'intervista stessa, può realmente rendere il 200% in più. Grazie all'intervista otterrai anche un contenuto che è nativamente più piacevole da ascoltare perché propone un'alternanza tra due diverse voci che spezzano il ritmo monotono proprio di un monologo. Inoltre il formato dell'intervista ti da anche la possibilità di gestire la struttura del contenuto in maniera più semplice e agile. Marzia Tomasin autrice del podcast "Periscritto" per esempio realizza delle interviste ad autori di libri e, dopo averle registrate, crea per ognuna un'introduzione di breve durata che è un concentrato d'informazioni relative ai contenuti di maggior valore espressi dall'intervistato.

- **Il secondo motivo** è che le interviste ti permettono di fare Digital PR e social networking in maniera molto efficace. Oltre a creare un contenuto sono dunque un occasione per instaurare una relazione con un esperto o un influencer ma più in generale con una persona che, se il tuo obiettivo è quello di utilizzare il podcast come strumento di business, potrà esserti utile anche per questo. Considera l'intervista come un occasione per presentare il tuo progetto e spiegare quello che fai e di cui ti occupi e non stupirti se capiterà che proprio la persona alla quale hai richiesto quell'intervista diventerà anche un tuo cliente. Inoltre l'intervistato potrà veicolare l'attenzione dei suoi follower, che lui stesso inviterà ad ascoltare quell'intervista verso il tuo podcast aumentandone così la visibilità. Questo è molto importante soprattutto quando sei nella fase di lancio del podcast perché hai bisogno di guadagnare l'attenzione di nuovi ascoltatori.

- **Il terzo motivo** è il fenomeno dell'osmosi dell'autorevolezza. Nel momento in cui tu che sei una persona sconosciuta che vuole però affermarsi e guadagnare autorevolezza in un determinato settore, vai ad intervistare persone che invece in quel settore sono già ritenute autorevoli che cosa succederà? È semplice. Le persone che ascolteranno l'intervista, quelle che magari sono incappate nel tuo podcast per caso, che ci sono arrivate dopo aver ricercato il personaggio che hai intervistato o addirittura i follower di quest'ultimo, saranno portate a pensare che anche tu (che hai intervistato un personaggio di livello) sei degno di autorevolezza e considerazione. Questo fenomeno è rafforzato nel caso in cui tu riesca anche a documentare visivamente questo incontro. Potrai scattare una foto o semplicemente realizzare come copertina dell'intervista (che poi userai anche per promuovere l'episodio sui social media), una immagine in cui la tua faccia è accostata a quella dell'intervistato. Questo accostamento visivo genera un accostamento anche nella percezione dell'autorevolezza e potrà giocare a tuo favore nel senso che, anche se non sei Giulio Gaudiano "l'esperto di..." sarai comunque Giulio Gaudiano che ha intervistato "tutti gli esperti di...".

- **Il quarto motivo** per cui vale la pena di fare interviste è che gli influencer possono essere utilizzati come leva di visibilità. Nel momento in cui tu vuoi creare un podcast e attirare l'attenzione di un pubblico puoi fare due cose. La prima è cercare ad una ad una le persone potenzialmente interessate ai tuoi contenuti del tuo pubblico per trasformarle in ascoltatori del tuo podcast. Su questo modello funziona la pubblicità su Facebook. La seconda è portare all'interno del podcast degli influencer, cioè delle persone che, per un motivo o per l'altro, sono in grado di influenzarne altre. In quest'ultimo caso il tuo sforzo sarà lievemente maggiore ma una volta che avrai convinto questa persona del valore del tuo podcast, sarà lui stesso a portare al tuo podcast persone che lo seguono, che sono in contatto con lui e a parlare bene di te ad altri. Questo soprattutto se è rimasto contento dell'intervista che hai fatto e, se nel tempo del vostro dialogo che può essere anche di mezz'ora o un ora, si è creata un empatia ed ha avuto la percezione di una tua competenza nel settore di cui lui è esperto. Mi è capitato più volte di confrontarmi con altri podcaster che si sono stupiti per primi di aver avuto la possibilità di parlare con dei personaggi che, se non fosse stato per l'intervista, non li avrebbero degnati d'attenzione. Mi hanno anche raccontato di come da quegli stessi personaggi hanno poi ricevuto degli attestati di stima, degli apprezzamenti e dell'interesse verso la loro attività.

Se ti ho convinto a prendere in considerazione il formato dell'intervista per il tuo podcast, potresti aver bisogno di sapere anche dove puoi cercare le persone da intervistare, come chiedere di partecipare e come convincere ad accettare la tua richiesta d'intervista.

La scelta delle persone da portare all'interno del podcast è molto importante. Il mio consiglio è di fare attenzione e di scegliere ospiti che siano realmente di valore e anche se sei all'inizio, non aver paura di puntare in alto.

Sarò brutale nel dirti che potresti più facilmente rivolgerti solo a ospiti di "serie B" cioè a persone meno famose e influenti nel settore di tuo interesse ed essere sicuro che queste accetteranno di fare l'intervista.

Nel momento in cui invece cercherai di portare dalla tua parte l'ospite di "serie a" e questo accetterà di fare l'intervista avrai più facilità in futuro a raggiungere altri ospiti di "serie A". Per intenderci la persona alla quale tu proponi un intervista, spiegandole di aver già intervistato per il tuo podcast Tizio, Caio e Sempronio che sono ospiti di livello e che conosce, sarà più portata ad accettare anche per questo motivo.

A seconda dei temi che tratti nel tuo podcast ci sono diversi strumenti che puoi utilizzare per cercare i tuoi ospiti. Se per esempio i contenuti del tuo podcast hanno a che fare col settore professionale e del business, LinkedIn può essere un ottimo punto di partenza.

Oggi la maggior parte della popolazione professionale ha un profilo su LinkedIn e quest'ultimo attraverso le In mail ti offre la possibilità, ad un costo irrisorio, di contattare le persone che ti interessano pur senza conoscere il loro indirizzo di posta elettronica.

Se la persona che ti interessa non ha un profilo LinkedIn ma è una persona famosa, per esempio uno scrittore, potresti cercare di contattarla attraverso l'ufficio stampa. Se non ha un ufficio stampa oppure ce l'ha ma questo non ti da attenzione, potresti pensare di utilizzare i social media. Parla di lui dicendo pubblicamente che lo vorresti intervistare, seguilo sui social network, taggalo su Facebook o su Twitter, tiralo in ballo in qualche modo e vedrai che riuscirai a catturare la sua attenzione.

Un trucco che ho imparato e che utilizzo per trovare sempre nuovi personaggi da intervistare è quello di chiedere suggerimenti direttamente ai miei ospiti. Solitamente persone di valore conoscono altre persone di valore e quindi può essere utile attingere alle connessioni sociali dirette o indirette delle persone che andiamo a intervistare per trovare nuovi ospiti interessanti. Potresti chiedere come ultima domanda di ogni intervista, da includere nel montaggio finale o da non includere ma tenere solo per te, in questo modo: "Mi consiglieresti 2 o 3 persone nel tuo campo che stimi e che secondo te vale la pena conoscere, che sarebbero contente di fare un'intervista come questa oppure che a te stesso piacerebbe ascoltare attraverso il podcast ?"

Dopo che avrai trovato le persone da intervistare devi contattarle inviando loro un email personalizzata. Non voglio neanche immaginare email con un oggetto generico del tipo "Proposta per intervista" o che comincino con la fatidica frase "Gentile signore vorremmo intervistarla per il nostro podcast".

Ogni ospite si merita la giusta attenzione. Fai prima di tutto una ricerca su di lui che ti permetta di mettere in evidenza nella email tutte le cose che ha fatto e che tu giudichi di valore. Non dimenticarti di mettere anche in risalto i benefici che potrà trarre dall'accettazione della intervista.

Una email fatta bene e inviata per esempio all'autore di un libro potrebbe essere questa:

Oggetto: "Ti posso intervistare sul tuo ultimo libro?"

Testo: "Carissimo Tizio, mi chiamo Giulio e sono il creatore del podcast "Strategia Digitale", il podcast business più richiesto in Italia, ascoltato da più di trentamila volte al mese. Io intervisto solo i migliori esperti del mondo digital per poter portare le loro conoscenze di livello anche a tutti i professionisti e agli imprenditori che le vogliono utilizzare per la loro attività. Ho particolarmente apprezzato il tuo ultimo libro sull'argomento dell'email marketing che ho trovato molto acuto soprattutto rispetto ad altri che avevo letto e mi piacerebbe poterti intervistare, magari parlando anche del tuo libro, con un'intervista di 30 minuti via Skype".

Con questo testo faccio capire al mio ospite:

- **che lo conosco**, ho letto il suo ultimo libro, so di cosa si occupa, che lo ritengo migliore rispetti ad altri professionisti del settore e quindi il perché l'ho scelto;

- **quali sono i numeri del mio podcast** di modo che lui si renda conto presso quali e quante persone potrebbe avere visibilità accettando di farsi intervistare;

- **il beneficio che potrà avere** cioè la possibilità di parlare del suo libro e quindi di fare promozione del libro attraverso il mio podcast;

- **come si svolgerà l'intervista** cioè parleremo per circa 30 minuti via Skype.

In questo modo, curando tutti questi aspetti e facilitando la comprensione di quello che gli sto proponendo, sarà molto più semplice farsi dire di sì. Nella mia esperienza personale posso dirti che a tutt'oggi solo una persona ha rifiutato una mia intervista a fronte di centinaia di persone che invece hanno accettato o addirittura richiesto di fare l'intervista.

Come sfruttare appieno l'occasione di un' intervista che ti è stata concessa? È molto semplice.

Una ricerca accurata sulla persona da intervistare ti permetterà di preparare una lista di domande appropriate da porle. È molto importante però riuscire anche in qualche modo a immaginare un'evoluzione del discorso in base a qualcosa che renda comprensibile e utile la storia della persona e i contenuti che questa ha da darti, per le persone che ti ascoltano.

A tal fine io consiglio spesso di utilizzare il modulo del "Viaggio dell'eroe". Questo modulo, elaborato da coloro che si occupano di capire come nascono e come sono organizzate le storie di tipo tradizionale (per intenderci quelle che si raccontano ai bambini), ci permette di ricostruire la storia di una persona in modo che sia facilmente comprensibile, avvincente e ricordabile per chi l'ascolta.

Questo schema è quello che viene utilizzato per esempio da Samuele Onelia per il suo podcast "Italian Indie", Angelo Ricci per "Sognatori Svegli" e Audra Bertolone per il podcast "Lavoro da casa".

Secondo il modello del "viaggio dell'eroe" una storia si svolge attraverso questi passaggi fondamentali:

1. Il protagonista della storia vive in un mondo ordinario in una condizione di equilibrio iniziale che magari non lo soddisfa del tutto.

2. Ad un certo punto accade un fatto che cambia le cose. Può essere un evento particolare, l'incontro con una persona importante (un mentore) o magari la lettura di un libro, che scatena il desiderio di cambiare le cose.

3. Dopo il fatto scatenante l'eroe trova il coraggio e parte per l'avventura che lo porterà fuori dal suo mondo ordinario.

4. Durante questo percorso l'eroe incontra il mostro cioè l'ostacolo più difficile, che lo fa dubitare del fatto di riuscire a portare a termine la sua avventura.

5. A questo punto accade un evento inaspettato o fortuito (deus ex machina) che risolve la situazione. L'eroe così, sconfitto il mostro, giunge alla vittoria finale.

Pensa per esempio di dover ricostruire la storia di uno scrittore. Secondo il viaggio dell'eroe la storia potrà essere più o meno questa:

"Mario Rossi era un giovane uomo che viveva in un piccolo paesino di montagna. Era irrequieto, scontento della vita che faceva perché si sentiva diverso dagli altri. Un giorno un suo amico che conosceva la sua grande passione per la scrittura gli chiese perché non avesse ancora scritto un libro. Mario Rossi trovò il coraggio e si mise a scriverlo. Una volta scritto il libro andò da un editore per la sua pubblicazione ma l'editore rispose che non era ancora il momento per pubblicarlo, che il suo stile era ancora acerbo e di riprovare tra qualche anno. Lui però non si perse d'animo e un giorno gli venne in mente che poteva tentare la strada del self-publishing e così fece realizzando il suo desiderio di scrivere e pubblicare un libro tutto suo".

Se dunque Mario Rossi fosse l'ospite da intervistare per il tuo podcast quali domande dovresti rivolgergli?

1. Chi era Mario Rossi prima di scrivere il suo libro?

2. Chi o che cosa ti ha portato a maturare la decisione di scriverlo?

3. Come hai scritto il libro?

4. Quali sono le principali difficoltà che hai incontrato e come le hai superate?

5. Com'è cambiata la tua vita dopo che il tuo libro è stato pubblicato?

Ogni storia che tu racconterai secondo questo modello che ho cercato di spiegarti sarà avvincente e colpirà favorevolmente le persone che l'ascolteranno.

Una domanda che mi viene rivolta spesso sia dagli ospiti che dalle persone che mi chiedono come gestisco le interviste è: "Mandi in anticipo all'ospite le domande che gli farai durante l'intervista?". La mia risposta è tendenzialmente no.

Comunicando le domande in anticipo si corre il rischio di togliere freschezza e spontaneità al dialogo, elementi che sono invece molto importanti quando si registra un podcast.

Quello che puoi invece fare è far capire bene all'ospite come si svolgerà esattamente l'intervista. Puoi dirgli per esempio che prima di iniziare la registrazione avrete alcuni minuti a disposizione per rompere il ghiaccio, entrare in sintonia e verificare la connessione internet per essere sicuri di registrare un podcast di qualità anche dal punto di vista tecnico.

Inoltre puoi dare all'ospite delle indicazioni di tipo generale a proposito degli argomenti che vorrai trattare con lui. In questo modo potrai rassicurarlo, mantenendo però la libertà, a seconda di come si sviluppa il discorso, di fare qualche domanda in più o in meno o addirittura di portare l'intervista in una direzione diversa. Questo non sarebbe possibile nel caso di domande concordate inviate in anticipo.

È molto importante che quando organizzi l'intervista tu abbia a disposizione tutti i suoi contatti in modo particolare la sua email e il numero di telefono.

Ti consiglio anche di aggiungere il suo numero di telefono ai contatti sul tuo smartphone. In questo modo avrai la possibilità di contattarlo anche con un messaggio diretto, utilizzando Whatsapp o Telegram oppure se sai che per esempio anche lui è un appassionato di corsa come te potrai aggiungerlo ai tuoi amici nel momento in cui installerai un tracker GPS per andare a correre, coinvolgendolo attraverso questa passione comune.

Inoltre ti consiglio di connetterti con l'ospite su tutti i social media di modo che, grazie all'occasione dell'intervista, anche lui possa seguire la tua pagina o il tuo profilo su Facebook, Linkedin, Instagram o Twitter.

La connessione personale e sociale con questa persona diventa una vera e propria risorsa da sfruttare ogniqualvolta possano nascere delle opportunità di reciproco vantaggio.

Subito dopo la pubblicazione dell'intervista, se vuoi che anche il tuo ospite la promuova devi agevolarlo anche in questo. Ti consiglio di inviargli una email prima di tutto per ringraziarlo ma anche con tutti i link dove l'intervista è presente, di modo che la possa subito girare ai suoi follower e amici.

Se deciderai di pubblicare il contenuto dell'intervista sui tuoi canali social, ricordati anche di taggare la persona intervistata che così riceverà la notifica e potrà commentare, mettere un "like" o condividere.

Consigli e raccomandazioni

A conclusione di questo importante capitolo sui contenuti voglio darti alcuni consigli e raccomandazioni che potranno esserti utili per realizzare al meglio il tuo podcast e di migliorarlo nel tempo.

Il primo consiglio che ti do è di scegliere un singolo tema per ogni puntata. Lega il tema che hai scelto al titolo della puntata stessa, in questo modo consentirai ai tuoi ascoltatori di ritrovare con facilità, quando anche nel tempo ne avranno bisogno, gli argomenti che più gli interessano.

Se manca un tema, te lo dico per esperienza personale, succederà che gli ascoltatori ti contatteranno per chiederti: "Io mi ricordo che una volta tu hai parlato di come utilizzare le mappe mentali per fare business, ma quando ne hai parlato? In che punto dell'episodio?".

Quando ho iniziato a fare podcast mi è capitato di parlare di tante cose diverse nella stessa puntata, ma sbagliavo. Ho capito col tempo che è bene parlare di singoli argomenti specifici, di nicchia, alle volte anche molto semplici ma non di più di uno a puntata.

Per ogni tema poi ti consiglio di non trattare più di tre o quattro punti perché a meno che tu non sia estremamente didascalico, rischi di disperdere l'attenzione di chi ascolta. Inoltre le persone sono normalmente in grado di ritenere nella loro testa massimo tre o quattro cose rispetto ad un determinato argomento.

Io per esempio me li appunto su un foglio, se me ne vengono in mente più di quattro li scrivo comunque e poi li seleziono dando priorità a quelli secondo me più importanti e parlo solo di questi ultimi.

Il secondo consiglio è di preparare bene i tuoi episodi. È comprensibile che quando avrai fatto esperienza e ti sentirai più padrone del mezzo, ti verrà la voglia di fare le cose più velocemente, magari anche improvvisando. Fai molta attenzione perché la differenza tra i podcast che sono preparati con cura e quelli improvvisati è abissale.

Prepara ogni singola puntata che crei come se fosse la prima, anche perché il podcast è il tuo strumento di marketing e non puoi permetterti di utilizzarlo con superficialità.

È come se per organizzare un evento di lusso e coinvolgere i tuoi clienti li invitassi al McDonald sotto casa invece di portarli in una location spettacolare con un rinfresco da gourmet. Certo l'evento lo fai comunque e hai modo di stare con le persone, però l'effetto è completamente diverso.

Quando ti dico che devi preparare bene gli episodi del podcast mi riferisco a due cose in particolare:

1. **Studia bene i personaggi che dovrai intervistare.** Ascolta altre interviste alle quali hanno partecipato e cerca di capire a quali domande hanno risposto con gli argomenti più interessanti. Assicurati di conoscere tutti i loro punti di vista, soprattutto se contrari ai tuoi, per essere pronto ad argomentare e a reggere anche un dibattito.

2. **Documentati bene sulle fonti dei tuoi contenuti.** Verifica sempre gli argomenti che porti a supporto delle tue argomentazioni. Se per esempio riporti una citazione non

dimenticarti di dire chi l'ha pronunciata oppure se fai riferimento a un fatto storico verifica la data e che cosa è successo realmente. Questo lavoro in fase di preparazione ti sarà anche molto utile perché così avrai a disposizione dei link e dei riferimenti da indicare alle persone magari nelle note dell'episodio.

Il terzo consiglio che ti do è di non smettere mai di migliorare e di ottimizzare i tuoi formati. Vuoi sapere come?

La prima cosa da fare è tenere in grande considerazione i feedback che ti danno le persone che ti ascoltano. Fai attenzione ai commenti che riceverai dalle persone anche se questi saranno molto critici o negativi.

Non rifiutare mai nessun consiglio, prendi nota di ogni suggerimento e chiedi anche ai tuoi colleghi, partner o alle persone con le quali sei in connessione di ascoltare il tuo podcast per sapere che cosa ne pensano.

La seconda cosa da fare è essere tu stesso il primo ascoltatore del tuo podcast. Ascolta ogni puntata cercando di essere critico, in ogni fase della sua preparazione anche in quella di post-pubblicazione per controllare che l'episodio sia a posto. Ti consiglio di farlo anche attraverso i software che utilizzano le persone per ascoltare il tuo podcast e vedrai che troverai anche in questo contesto delle indicazioni importanti per fare di meglio.

Non rinunciare al miglioramento per essere sempre uguale a te stesso. Oggi mi capita spesso che le persone che mi contattano mi dicano: "Giulio ti seguo dai tempi di "Caffè 2.0", poi ti ho ascoltato su "Web Marketing 24" e ora su "Strategia Digitale". Questo per farti capire che le persone ti seguono nel tempo e la tua costanza e il tuo continuo miglioramento negli anni può fare la differenza perché viene avvertito e riconosciuto dalle persone.

Voglio concludere questo lungo capitolo con una nota di costume.

Mi ricorderò sempre il commento negativo che mi arrivò da un ascoltatore il quale, nel momento in cui tralasciai di pubblicare contenuti sul mio primo podcast "Web Marketing 24" mi scrisse:

"Non è molto serio per un consulente di marketing digitale lasciare un podcast così abbandonato da vari mesi".

Questa recensione (della quale conservo uno screenshot sul mio desktop), la critica più negativa che io abbia mai ricevuto, è diventata anche la più preziosa. Quella persona che io ancora oggi ringrazio mi ha dato un suggerimento prezioso e cioè che se volevo diventare un podcaster di successo dovevo essere costante e rispettare le aspettative dei miei ascoltatori. Da qui ho ritrovato l'energia giusta e sono ripartito.

REGISTRA E MONTA

Registrare e montare

La registrazione e il montaggio ti consentono di intervenire sul tuo podcast per unire tra di loro registrazioni, musica e suoni in un'unica traccia audio.

Se il tuo episodio è composto dal solo parlato senza musica ti basterà montare la sigla del tuo podcast all'inizio e se vorrai anche alla fine della traccia stessa.

Nel caso in cui invece le tracce audio dell'episodio siano più di una (per esempio un file audio con la lettura di un testo e uno con il commento al testo stesso), dovrai unirle tra di loro inserendo anche la sigla ed eventualmente delle basi musicali o dei suoni separatori.

In questa fase puoi però anche correggere degli errori e tagliare tutto ciò che rende qualitativamente meno buono il tuo podcast.

Pensa per esempio se durante la registrazione, ti sei interrotto o hai ripetuto la stessa cosa due volte, se l'audio era disturbato o hai registrato ad un volume troppo basso. Oppure hai fatto delle pause troppo lunghe tra un argomento e l'altro e nell'audio si sentono i respiri prima di iniziare a parlare o silenzi troppo lunghi che potrebbero togliere ritmo alla tua voce.

Su tutte queste cose puoi intervenire per cercare di migliorare la qualità del podcast.

Puoi lavorare non solo sugli errori e sui difetti ma anche sui contenuti. Se riascoltandoti ti sembra che alcuni concetti espressi non siano molto utili o non ti piacciono proprio, potrai tagliare quelle parti per condensare all'interno del tuo podcast solo i contenuti realmente di valore.

Tutte queste operazioni ottimizzano il tuo podcast, però bisogna anche dire che la post produzione, soprattutto se non sei un fonico esperto, richiede del tempo (prende dalle due alle tre volte di tempo in più rispetto alla durata della traccia). Per questo motivo secondo me è bene bilanciare l'investimento sostenuto per questa operazione con il risultato che riesci ad ottenere.

Non dimenticherò mai ciò che mi disse in proposito un mio carissimo amico che è Filiberto Scarpelli (nipote del noto regista del Neorealismo Italiano Furio Scarpelli) esperto del settore audio e video: "Una registrazione racchia, anche dopo la post produzione, continuerà a rimanere racchia". Questo per dire che la post produzione non fa miracoli.

È vero anche che oggi come oggi esistono tanti strumenti oppure l'intervento di un professionista, che possono sistemare tanti difetti. In realtà però l'unica cosa che conta è che, maggiore è la qualità della traccia di partenza minore sarà il tempo da dedicare alla post produzione.

È dunque molto importante che tu rimanga focalizzato sull'ottenere una registrazione audio di qualità.

Che cosa s'intende per una registrazione di qualità? Per prima cosa deve essere una registrazione rispetto alla quale è stata selezionata la fonte audio in entrata corretta.

Se per esempio stai utilizzando un microfono a condensatore, il tuo computer potrebbe essere impostato per registrare l'audio del microfono ambientale o, se hai contemporaneamente collegato anche delle cuffie auricolari, dal microfono integrato nelle cuffie stesse.

Prima di registrare, ricordati sempre di selezionare la fonte audio d'entrata corretta. Se non riesci a trovarla può essere che tu abbia avviato il programma di registrazione prima di collegare il microfono. In questo caso ti basterà chiudere il programma, collegare il microfono, riavviare il programma e vedrai che troverai il microfono tra le fonti audio in entrata.

Un seconda cosa che ti permette di ottenere una registrazione di qualità è il giusto volume di registrazione.

Se la sensibilità del microfono è troppo alta, se lo tieni troppo vicino alla bocca o urli mentre parli, potresti ottenere un audio distorto e fastidioso per chi ascolta. Allo stesso modo anche registrare ad un volume troppo basso, con il microfono lontano dalla bocca o parlando a bassa voce rovinerà la qualità dell'audio.

Vuoi sapere come registrare la tua traccia audio con il giusto volume? Non è difficile poiché se stai utilizzando per esempio Spreaker Studio avrai a disposizione un indicatore a banda colorata. Ci sono in particolare tre colori (verde, giallo e rosso) che indicano tre diversi livelli di intensità sonora e tu devi fare in modo che, mentre parli, l'indicatore rimanga nella parte verde, sconfinando al massimo ogni tanto in quella gialla ma senza mai arrivare in quella rossa.

È di qualità poi la registrazione nella quale non ci sono rumori di fondo e nemmeno interferenze ma anche quella in cui la persona che ha parlato aveva la giusta concentrazione ed è riuscita ad esprimersi bene senza commettere errori. Magari la qualità del parlato è buona anche perché, prima della registrazione, sono stati fatti degli esercizi di riscaldamento (per esempio quello di leggere un testo con una matita stretta tra incisivi e canini) per articolare e scandire bene le parole.

Laddove c'è una buona strumentazione, una buona preparazione e un buon contesto di registrazione, il tuo audio sarà qualitativamente superiore già in partenza. Da un buon audio di partenza si può ottenere un audio ancora migliore. Quando invece l'audio è problematico si farà molta fatica a portarlo ad un livello di normalità.

Il consiglio che mi sento di darti quindi è di far di tutto per organizzare l'operazione di registrazione per ottenere una traccia audio di qualità di modo che poi sia necessario dedicare il minor tempo possibile alla post produzione.

Non bisogna cedere alla tentazione di perdere troppo tempo in fase di post produzione ma concentrarsi per avere una buona qualità audio di partenza.

Comunque il vero focus nel mondo del podcasting secondo me non è la qualità dell'audio ma la qualità e la quantità dei contenuti. Parlo anche di quantità perché dalla mia personale esperienza la quantità porta alla qualità: più podcast registrerai e più tempo trascorrerai davanti al microfono, più aumenterà la qualità delle tue registrazioni e degli episodi che pubblichi.

Ci sono però anche dei casi in cui un audio brutto e problematico è in realtà una caratteristica positiva. Penso per esempio al podcast "Vendere Valore" del mio amico Paolo Pugni che registra le sue puntate direttamente da Milano, città nella quale vive e lavora, sfruttando i ritagli di tempo tra una consulenza e l'altra. Il rumore del traffico in sottofondo e la qualità un po' degradata dell'audio diventano un tratto distintivo, un elemento di colore che identifica il podcast.

Anche qui ricordo con piacere quello che diceva Paolo Aleotti, giornalista RAI e docente al master di giornalismo al quale ho partecipato dopo l'università. Secondo lui quando si fa giornalismo di guerra: "Si deve sentire in sottofondo il rumore delle bombe".

Lo diceva raccontando l'esperienza di tanti giornalisti di guerra che avevano fatto anche radio e che, alla continua ricerca di un audio così perfetto da simulare lo studio di registrazione, ottenevano la spersonalizzazione del contesto audio. Allo stesso tempo raccontava anche di altri giornalisti di guerra che, pur non essendo in atto particolari conflitti, nell'istante in cui registravano il pezzo facevano una corsetta in corridoio e poi registravano con la voce concitata e con la finestra aperta per dare quella sensazione di sporco che rendeva tutto più vero.

Sigla

La sigla è un elemento molto importante del podcast, si può dire che è il suo biglietto da visita.

Dal mio punto di vista la sigla deve essere l'esatta trasposizione del brand positioning e quindi deve far capire chi sei, che cosa fai, per chi lo fai, come lo fai e perché lo fai.

Nella sigla del mio podcast "Strategia Digitale" (realizzata da Radiospeaker.it) per esempio c'è il mio brand positioning e il testo della sigla è questo:

"Strategia Digitale idee, novità e consigli per imprenditori, professionisti e appassionati di web marketing e business online a cura di Giulio Gaudiano".

Con queste parole ti sto dicendo:

- chi sono (Giulio Gaudiano);

- che cosa faccio (idee, novità e consigli);

- per chi lo faccio (imprenditori, professionisti e appassionati):

- come lo faccio (cioè gli argomenti di cui parlo che sono web marketing e business online);

- perché lo faccio (utilizzando il termine "appassionati" faccio capire che ciò che mi spinge a condividere la mia esperienza è proprio la passione, in comune con gli ascoltatori).

Come fanno anche altri podcaster, personalmente utilizzo la sigla sia all'inizio che alla fine di ogni puntata proprio perché rappresenta una sorta di apertura e chiusura di una determinata parentesi d'ascolto.

Quali sono le caratteristiche principali che deve avere una sigla?

Per rispondere a questa domanda farò riferimento ancora una volta (come ti ho già detto nel secondo capitolo parlando della voce) a tutto quello che mi ha insegnato il mio amico Giorgio D'Ecclesia fondatore di Radiospeaker.it.

In particolare la sigla dovrebbe:

- avere una durata media di circa 10/15 secondi;

- essere sempre la stessa per tutte le puntate perché è il marchio di fabbrica del podcast;

- preparare l'ascoltatore ad entrare mentalmente dentro l'ascolto del podcast;

- avere uno stile che rispecchia i contenuti del podcast ma anche la personalità del conduttore;

- creare un "logo audio" cioè un elemento di riconoscimento per chi ci ascolta;

- la base musicale, il parlato (il testo che viene recitato nella sigla) e l'interpretazione devono concorrere alla creazione di una composizione sonora omogenea e armoniosa dove nessuno di questi elementi prevale sull'altro.

Per registrare la sigla del tuo podcast potrai utilizzare la tua voce affidando poi il montaggio ad un fonico professionista oppure rivolgerti ad un doppiatore per ottenere un risultato più professionale.

Basi musicali e suoni

Quando parlo di basi musicali e suoni mi riferisco a due categorie principali:

1. **Le basi** cioè la musica che puoi mettere come sottofondo al parlato, con un volume più basso rispetto a quest'ulti-

mo, realizzando una sorta di tappeto sonoro alla voce del conduttore. Nella scelta delle basi evita quelle realizzate con tanti strumenti diversi o con l'assolo di uno strumento in particolare, quelle troppo veloci e con tanti cambi di stile e ritmo e quelle con suoni ipnotici o striduli. Sono da preferire invece le basi con ritmo sostenuto ma nello stesso tempo piacevole, con loop sempre uguali e con uno stile lounge, chillout, soft house o deep house.

2. **I suoni** (per esempio campanelle, laser, droni ecc.) che hanno lo scopo di intervenire in determinati momenti per ridestare l'attenzione di chi ascolta ma anche per segnalare un cambio d'argomento, come l'inizio e la fine di una rubrica, o per introdurre uno sponsor.

Parlando di basi musicali e suoni secondo me è importante premettere che il podcast, a differenza della radio, ha il privilegio di essere sotto il controllo di chi lo ascolta.

Pensa che chi ascolta il podcast ha addirittura la possibilità di controllare la sua velocità di riproduzione. Può farlo grazie ad alcuni riproduttori come per esempio Castamatic che è l'aggregatore e riproduttore di podcast per iOS sviluppato da Franco Solerio autore del podcast "Digitalia".

Oltre a questo l'ascoltatore può mettere in pausa un podcast (magari perché troppo lungo, interrompendo l'ascolto per poi riprenderlo in un secondo momento) o navigarlo grazie alla tecnologia dei capitoli.

Chi realizza il podcast in fase di post produzione può assegnare a un determinato minutaggio, grazie ad un piccolo software, un nome e un marcatore di capitolo. Così facendo chi lo ascolta da un riproduttore che supporta la tecnologia dei capitoli, potrà scegliere il capitolo da ascoltare.

In questo senso il podcast funziona in maniera diversa rispetto alla radio e quindi può permettersi anche di avere meno musica e ambientazione sonora rispetto a quest'ultima.

Per "Strategia Digitale" utilizzo una musica di sottofondo solo per l'introduzione e la conclusione del podcast mentre per la parte principale in cui c'è il parlato ho preferito il silenzio. Questo per non caricare troppo l'attenzione di chi ascolta con tanti elementi diversi lasciando la mia voce come unica protagonista.

Ti stai chiedendo dove trovare la musica e i suoni da utilizzare all'interno del tuo podcast? Ottima domanda. Prima di aiutarti a scoprirlo però ti raccomando di fare attenzione a non violare nessun copyright.

Le basi musicali e i suoni sono un po' come le pareti della tua casa e non penso che tu voglia costruirle con mattoni scadenti o addirittura commettendo un abuso edilizio.

Ti farà piacere sapere che il diritto d'autore tutela tutti i contenuti che crei ma allo stesso modo sono sicuro che ti farà piacere anche tutelare e rispettare il diritto d'autore altrui.

Online si trovano tanti siti web che in forma gratuita o a fronte del pagamento di un piccolo prezzo mensile o dell'acquisto della singola traccia, ti permettono di acquistare musica e suoni di qualità royalty free.

Io preferisco investire una piccola somma di denaro per acquistarli ed essere sicuro di poterli usare e riutilizzare liberamente nel tempo.

Questi sono alcuni dei siti web più utilizzati per trovare brani musicali e suoni per il podcast:

- **AudioBlocks** che è quello che utilizzo io, ti da la possibilità di accedere, per il primo mese gratuitamente poi attraverso il pagamento di un piccolo abbonamento mensile, a un enorme database di brani musicali, suoni, effetti sonori, e loop da scaricare per il tuo podcast.

- **SoundCloud** è il più famoso sito di audio sharing che permette a chiunque di creare e registrare musica e suoni e di pubblicarli online. Al tempo stesso però è anche un social network che consente di scegliere dei brani musicali royalty free. SoundCloud però non è stato pensato per la ricerca di brani musicali a differenza di AudioBlocks che consente invece di scegliere un brano, per esempio in base alla velocità, al ritmo o agli strumenti utilizzati.

- **Incompetech** che rimane il mio preferito e che ti consiglio per iniziare. Incompetech è il sito web creato da Kevin MacLeod e che ti da la possibilità di accedere a un archivio di musica completamente gratuita che puoi scaricare e utilizzare, perché sotto licenza Creative Commons, semplicemente citando il nome del compositore nei credits del tuo podcast. Ha un ottimo motore di ricerca che ti consentirà di scegliere i brani musicali in base al genere, all'emozione che le musiche dovrebbero trasmettere o agli strumenti musicali che si sentono nel brano.

Oltre a questi siti web puoi trovare della musica e dei suoni per il tuo podcast anche su Jamendo, Stockmusic o Pond5. Non li uso personalmente ma so che vengono utilizzati con buoni risultati da diversi podcaster.

Da video a podcast

Una tecnica ultimamente molto utilizzata è quella di realizzare prima un video, per esempio registrando un'intervista in web conference tramite Skype o Google Hangouts, per poi trasformare l'audio del video in audio per il podcast.

Questo è ciò che fanno per esempio Samuele Onelia del podcast "Italian Indie" o Marzia Tomasin del podcast "Periscritto" cioè:

- **registrano prima le loro interviste** in formato video;

- **pubblicano l'intervista originale** sul loro canale YouTube o sul proprio sito web;

- **scaricano l'audio dell'intervista** e lo trasformano in podcast aggiungendo magari anche un introduzione e una conclusione, registrate a parte e in formato solo audio, per commentare o mettere in risalto i concetti più interessanti emersi nel corso dell'intervista.

Personalmente penso che questo sia un metodo di lavoro molto buono per vari motivi:

- **si realizzano contemporaneamente due contenuti**, uno in formato video e l'altro in formato audio;

- **si fanno vedere le facce delle persone** agli ascoltatori del podcast, aggiungendo empatia e coinvolgimento emotivo all'ascolto;

- **si presidiano al tempo stesso due canali diversi** cioè quello dei video online e quello del podcasting, sfruttando lo stesso contenuto in due diversi formati che hanno una capacità comunicativa diversa.

Utilizzando questa tecnica YouTube può diventare un canale per far conoscere il podcast anche a chi non usa il podcasting abitualmente.

Sappiamo che i video di YouTube vengono indicizzati su Google.

Pensa dunque al signor Mario che è un tuo potenziale ascoltatore, che non ha mai sentito parlare del podcasting ma vuole sapere per esempio chi era il filosofo che ha inventato il concetto del superuomo.

Il signor Mario molto probabilmente farà una ricerca su Google, troverà tra i risultati anche il video che hai realizzato tu, andrà a vederlo e da qui scoprirà che esiste un podcast. Questo è il tuo podcast, che parla di filosofia e di questi argomenti che sono di suo interesse. Così il signor Mario si iscriverà magari al tuo canale YouTube e comincerà anche a seguirti ascoltando il tuo podcast.

Registrazione e montaggio live

L'ultimo tema importante da trattare all'interno di questo capitolo è la possibilità di fare la registrazione e il montaggio del tuo podcast live.

Questo vuol dire che potrai fare alternativamente due cose:

1. **trasmettere la tua registrazione in diretta** attraverso il Web alle persone che ti stanno ascoltando;

2. **fare semplicemente una registrazione in locale** senza la trasmissione in diretta.

Grazie ad una sorta di regia digitale potrai inserire in diretta all'interno della tua registrazione la sigla, le basi musicali e i suoni separatori. Alla fine otterrai un file completo del sound design, pronto per la pubblicazione.

Questa modalità di lavoro presenta indubbiamente un grande svantaggio in quanto viene meno la possibilità di fare editing e quindi di intervenire sugli errori e sulle operazioni di ottimizzazione come per esempio i tagli dei silenzi e respiri o la selezione degli argomenti più interessanti.

Chi utilizza questa tecnica dove possedere senz'altro una buona capacità di focus ma anche di comunicativa e autocontrollo per gestire i contenuti e tutto l'ambiente sonoro. Voglio dire che oltre a lanciare la sigla dovrà capire quando è il momento giusto per inserire l'effetto sonoro e integrare la parte musicale con quella del parlato.

Fare la registrazione e il montaggio live ha ovviamente anche dei risvolti positivi e infatti sono diversi i podcaster che hanno scelto di fare così.

Franco Solerio del podcast "Digitalia" per esempio, con la sua squadra di digitaliani, ogni lunedì sera trasmette in diretta sul Web e poi trasforma quella diretta in un podcast. Nico Benz Ambrosecchia autore di "Podcast Parrucchieri" che non trasmette live ma utilizza questa modalità per registrare gli episodi.

Anch'io realizzo in questo modo uno dei formati che utilizzo all'interno di "Strategia Digitale" cioè le risposte alle domande degli ascoltatori.

Il primo aspetto positivo è quello al quale si riferisce Franco Solerio quando parla di "cacarella".

Quando fai la registrazione live, hai la consapevolezza che deve essere per forza buona la prima, che quello che dici non sarà modificabile e nemmeno ottimizzabile ma sarà ascoltato così com'è dalle persone da lì in avanti.

Registrare in modalità live ti porta ad uno stato psicologico più simile a quello della conversazione con le persone e ti rende più autentico.

Pensa a quando parli alle persone durante un evento dal vivo o fai consulenza con un tuo cliente, non hai la possibilità di riavvolgere il nastro e montare quello che stai dicendo. Dovrai semplicemente selezionare in tempo reale i concetti da esprimere e in tempo reale comunicarli. Il montaggio live ti porterà ad una maggiore spontaneità e le persone che ascolteranno il tuo podcast se ne accorgeranno e sentiranno quel brivido che è tutto tuo nel momento in cui sai di camminare su una corda senza la rete sotto.

Il secondo aspetto positivo è quello del ritmo.

Registrare live e ascoltare in cuffia la base musicale di sottofondo o anche solamente la sigla ti metterà nella condizione psicologica ideale per dare il ritmo giusto al tuo podcast.

Avere il ritmo giusto è importante anche perché a volte il podcast viene registrato dopo lo svolgimento di attività che hanno ritmi diversi come per esempio un appuntamento di lavoro o una sessione di lettura.

Ascoltare la sigla o la base musicale ti darà la possibilità, puntata dopo puntata, di avere un ritmo tutto tuo al quale gli ascoltatori si abitueranno.

Il terzo aspetto positivo è il risparmio di tempo.

In pratica si risparmia tutto il tempo della post produzione. Alla fine della puntata avrai comunque un prodotto pronto per essere pubblicato perché ha la sigla, la base musicale e i suoni separatori. Come se fosse stato di fatto post prodotto.

È per questo motivo che quando io registro le puntate di risposta alle domande degli ascoltatori sono in grado di registrate addirittura una puntata dopo l'altra. Cosa che mi sarebbe praticamente impossibile in altri formati.

Come ti ho già detto realizzare i contenuti per il podcast su base quotidiana, settimanale e così via è molto impegnativo soprattutto dopo la fase dello slancio iniziale. Risparmiare del tempo sulla post produzione e dedicarlo invece ai contenuti in se ti permetterà di produrne di più e di maggiore qualità.

Come si fa il montaggio live? Bé il mio consiglio è senza dubbio quello di utilizzare lo stesso software che utilizzo io.

Si tratta di un software gratuito, molto comodo perché funzionante su tutte le piattaforme, compresi smartphone e tablet.

Questo software si chiama Spreaker Studio.

È stato creato dalla piattaforma Spreaker, il sito numero uno per la pubblicazione e la distribuzione dei podcast nel mondo e a mio avviso è anche il complemento ideale per la produzione.

Questo strumento consente ai creatori di podcast prima di tutto di trasmettere live sul proprio canale Spreaker oppure di registrare in locale per poi esportare il file o uploadarlo direttamente su Spreaker dall'interno della piattaforma stessa.

Una volta premuto il tasto REC, dopo aver scelto se vuoi trasmettere live o registrare in locale, ti troverai davanti una regia digitale.

Nella parte destra di questa pagina di regia avrai una serie di pulsanti (9 in tutto) che assomiglia molto a un campionatore e a ognuno dei pulsanti potrai applicare un effetto sonoro.

Nella parte sinistra troverai due basi musicali differenti (delle quali puoi regolare il volume) e le entrate audio cioè due canali audio, uno per te ed eventualmente uno per una persona che vuoi intervistare, già pronti e configurati per il collegamento con Skype.

Ognuno di questi canali può essere gestito regolandone il volume o utilizzando la funzione di auto-ducking, cioè di auto abbassamento e regolazione del volume della base nel momento in cui cominci a parlare.

Spreaker Studio è veramente incredibile. La prima volta che l'ho utilizzato non riuscivo a credere a quello che mi permetteva di fare. Inoltre è in continuo miglioramento come d'altronde anche la stessa piattaforma Spreaker.

In conclusione essendo oltretutto un software completamente gratuito, scaricabile e installabile sul computer o come applicazione sul nostro smartphone o tablet, è assolutamente da consigliare.

PUBBLICA E DISTRIBUISCI

Dopo aver realizzato tutte le operazioni di editing e di montaggio, salvato ed esportato il podcast in formato MP3 (quello più versatile per i file audio e che consente di avere una buona qualità senza dimensioni eccessive), sei pronto a pubblicare il primo episodio.

Per farlo sarà necessario un contenitore: un podcast che, proprio come un canale televisivo, potrà ospitare il tuo primo episodio e tutti quelli che seguiranno.

Come fare a pubblicare il podcast e a portarlo dall'hard disk del tuo computer alle orecchie di chi lo vorrà ascoltare?

Ci sono innanzitutto una serie di passaggi necessari per la distribuzione. Te li voglio sintetizzare in modo che tu li possa comprendere anche da un punto di vista strategico e scegliere il servizio più appropriato per portarli a compimento.

Il primo passaggio è quello di portare il file del tuo podcast dal tuo computer a un hosting audio: un server che ospiterà il tuo file audio e lo renderà accessibile alle persone che vorranno ascoltarlo dall'esterno.

Dopo l'hosting il secondo passaggio è la distribuzione.

In termini pratici ti serve una piattaforma che metta in connessione il file audio del tuo podcast con le persone che lo stanno cercando o che ancora non lo conoscono.

Pensa per esempio a una persona che va su Google e fa una ricerca sull'argomento di cui tu hai parlato nel podcast oppure che già è iscritta e ascolta altri podcast e decide di guardarsi un po' intorno per vedere cosa c'è di nuovo.

La piattaforma di distribuzione funziona più o meno in questo modo.

Questi che ti ho appena indicato sono i due passaggi di base per poter distribuire il tuo podcast. A seconda di come deciderai di renderlo disponibile, potrai aggiungerne altri in base alle tue specifiche esigenze.

Potresti essere per esempio proprietario di un blog e avere la necessità di inserire gli episodi del podcast al suo interno. In questo caso ti servirà un software attraverso il quale prendere i file audio che stanno sull'hosting e renderli disponibili e riproducibili direttamente dal tuo blog.

In una fase successiva a quella di avvio del podcast, quando avrai già degli ascoltatori che ti seguono, potresti avere la necessità di mantenere con loro un contatto diretto inviandogli una notifica ogni volta che pubblicherai un nuovo episodio.

Questo può avvenire tramite le piattaforme di distribuzione ma puoi farlo anche tu autonomamente attraverso un'applicazione che porti il tuo podcast direttamente sullo smartphone delle persone che ti seguono.

Spreaker

Le piattaforme di hosting più utilizzate tra le quali potrai scegliere quella più adatta a te sono: Spreaker, SoundCloud e Libsyn.

In questo capitolo io ti parlerò prevalentemente di Spreaker e questo per diversi motivi:

1. **Ti consente di partire da un livello base gratuito** e quindi volendo anche di fare una prova cominciando a distribuire il podcast per poi magari investire in un secondo momento, quando questo comincerà a portarti dei risultati dal punto di vista del business.

2. **Spreaker è una piattaforma aperta** a differenza delle altre che vogliono vincolare l'utente al loro interno e che

sono chiuse proprio a livello di integrazione. In che senso Spreaker è una piattaforma aperta? Se stai utilizzando Spreaker, una volta pubblicato il tuo file audio potrai automaticamente pubblicarlo anche su altre piattaforme. Se invece stai utilizzando un'altra piattaforma puoi integrarla con Spreaker impostando per esempio l'importazione automatica dei file pubblicati su quest'altra piattaforma all'interno di Spreaker. Quando ho intervistato Francesco Baschieri, creatore e co-founder di Spreaker, gli ho chiesto proprio il perché di questa strategia di apertura che potenzialmente, essendo tutta a   favore dell'utente, avrebbe potuto essere dannosa dal punto di vista commerciale. La sua risposta è stata che la filosofia di Spreaker è proprio quella di andare totalmente incontro alle esigenze delle persone e che quindi il loro intento è quello di mantenerla anche fregandosene dei risvolti commerciali. Questo secondo me è un grande pregio.

3. **È stata capace di ascoltare**, nel tempo, le richieste della community. Io ho iniziato a utilizzarla quattro anni fa quando già offriva tantissimo pur non avendo tutte le funzionalità di oggi. Avendo percepito delle opportunità di crescita e di miglioramento ho scritto al supporto utenti per dargli dei suggerimenti e dei consigli. Con molta cortesia mi hanno sempre risposto e, considerando i miei feedback molto utili, hanno anche implementato le soluzioni consigliate. Dal mio punto di vista è molto importante che la piattaforma che utilizzo mi faccia sentire a casa mia e non come un ospite. Avere la percezione di poter contribuire alla crescita della piattaforma stessa non solo con dati anonimi ma anche con il mio apporto creativo è senz'altro un valore aggiunto di non poco conto.

4. **Spreaker è una piattaforma di hosting** ma anche di distribuzione. Per meglio dire è una piattaforma di distribuzione avanzata che permette di fare anche degli step ulteriori. Per esempio creare automaticamente un'app del tuo podcast senza bisogno di rivolgerti a uno sviluppatore

oppure tramite un codice fare l'embed del tuo podcast all'interno del tuo sito web.

Spreaker, grazie a tutte queste funzionalità e soprattutto essendo una piattaforma pensata per i podcaster (a differenza di altre piattaforme di hosting che sono pensate anche per i podcaster ma non primariamente per loro), ti assicura il supporto più completo per ospitare, distribuire e capire qual'è il modo migliore di portare il tuo podcast sul Web fino alle orecchie degli ascoltatori.

Per me Spreaker è per l'audio l'equivalente di quello che YouTube è per i video.

Degli altri servizi di hosting ovvero SoundCloud e Libsyn non ti parlerò nello specifico ma ti darò solo alcuni cenni affinché tu possa testarli e fare poi la scelta più adatta alle tue necessità.

SoundCloud è una piattaforma pensata per la condivisione di file audio, soprattutto di file musicali, sviluppati da creativi.

È nata proprio con l'idea di offrire alle persone un luogo comune, non solo dal punto di vista tecnico, per pubblicare i loro file audio, scambiarseli, poterli scaricare e riuploadare sempre all'interno della piattaforma stessa.

Questo è ciò che fa per esempio il cantautore Jovanotti. Lui permette di scaricare la parte vocale delle sue tracce per consentire ai creativi di creare delle basi differenti utilizzando la sua voce e poi di uploadarle nuovamente sulla piattaforma stessa.

Una funzionalità molto importante di SoundCloud è che permette agli utenti di applicare dei commenti a specifici punti del file musicale o del file audio. Un idea potrebbe essere quella di raccoglierli tutti e portarli all'interno di una puntata del tuo podcast per approfondire qualche argomento o replicare ai commenti stessi.

Libsyn è invece una semplice piattaforma di audio hosting. Una sorta di luogo in cui pagando un affitto hai la possibilità di appoggiare i tuoi podcast.

Non è quindi una piattaforma di hosting e distribuzione come Spreaker e non offre funzionalità simili a quelle di SoundCloud per quello che riguarda, per esempio, la community degli utenti.

Ognuno di questi tre servizi ti consentirà di avere un feed dei tuoi file audio cioè un file auto-generato dalla piattaforma con l'elenco delle tue puntate e delle loro caratteristiche principali (per esempio il titolo, la durata o la descrizione del file).

Otterrai anche il link del luogo dove è ospitato sul Web il file MP3 della puntata che hai creato. In questo modo consentirai poi alla piattaforma di distribuzione preferita, di andare a succhiare e utilizzare il contenuto di quella puntata con tutte le informazioni e di fornire all'utente il file per ascoltarla.

Se hai scelto di utilizzare Spreaker questa operazione sarà molto semplice. Ti spiego come funziona.

Per prima cosa devi andare sul sito web di Spreaker e creare un account utente.

Nella configurazione dell'account ti verrà chiesto se sei un DJ, un musicista o un podcaster. Selezionando quest'ultima alternativa potrai personalizzarlo specificando gli argomenti generali di cui tratta il tuo podcast al fine poi di essere incluso all'interno della distribuzione di Spreaker, nella categoria giusta.

A questo punto potrai creare il tuo show o anche più di uno dal momento che Spreaker consente di avere all'interno di un unico account più di uno show.

Se per esempio sei appassionato di tecnologia e di cucina potrai creare un podcast in cui parli di tecnologia e uno in cui parli di cucina, all'interno di un unico account dal quale potrai gestirli in modo semplice e distribuirli come due podcast distinti.

Lo show è il podcast, il programma, la trasmissione, il canale, diciamo il contenitore che andrà ad ospitare le puntate del tuo podcast.

Ogni show avrà il suo feed dedicato e separato dagli altri.

Dopo aver creato il tuo show potrai caricare l'episodio del tuo podcast.

In termini pratici ti basterà cliccare su "carica nuovo episodio", selezionare il file sul tuo computer e avviare l'upload del file dal tuo computer a Spreaker.

Nel frattempo potrai personalizzare alcuni dati come la copertina, il titolo, la descrizione, i tag, i tuoi contatti e potrai anche scegliere se abilitare la funzione download per consentire alle persone di scaricare il file.

Stai molto attento perché se disattivi il download il tuo file non sarà neppure disponibile nel feed audio necessario per distribuire il podcast al di fuori di Spreaker.

Una volta fatto l'upload del file potrai scegliere anche se pubblicarlo immediatamente oppure programmare la pubblicazione per un secondo tempo.

Questo è molto comodo se vuoi creare più episodi in anticipo e poi fare in modo che vengano pubblicati man mano con cadenza ben definita a vantaggio di chi ti ascolta.

Ci tengo a precisare bene che Spreaker ragiona in pratica su tre livelli diversi che sono:

- **l'utente**: cioè tu come creatore di contenuti che ti identifichi con il tuo account personale;

- **lo show**: che è una pagina pubblica di riferimento (un po' l'analogo della pagina di un canale YouTube) sulla quale ci sarà l'immagine di copertina del tuo podcast e dove le persone troveranno tutti gli episodi pubblicati. Da questa pagina potranno iscriversi al podcast, condividere sui social media il tuo show, ottenere il feed RSS e facendo clic sul tasto play ascoltarlo direttamente;

- **l'episodio**: ogni episodio avrà una sua pagina dedicata con tutte le informazioni, i commenti, il player per ascoltare il file audio e la possibilità di fare molto facilmente l'embed del player per inserirlo in qualsiasi altro contesto, come si fa con i video di YouTube.

Nel caso in cui tu voglia rimandare direttamente le persone sulla pagina di Spreaker, ogni episodio avrà un indirizzo univoco. Si tratta di un indirizzo web dedicato che potrai condividere sui social media se vuoi mandare le persone direttamente su una pagina dalla quale possono ascoltare il singolo episodio.

Un altro pregio di Spreaker è quello di avere anche una funzione di condivisione automatica.

All'interno delle opzioni di modifica dell'episodio potrai esportare il tuo episodio con un clic all'interno di SoundCloud.

Questo ti può essere utile nel caso in cui tu voglia mantenere contemporaneamente due piattaforme in una fase in cui sei ancora indeciso su quella sulla quale vuoi puntare o in una fase in cui per qualche motivo hai deciso di passare a SoundCloud.

Puoi esportare il tuo file audio anche da Spreaker verso YouTube in maniera molto semplice.

Spreaker creerà automaticamente un video con una immagine fissa del tuo show e con alcune informazioni come il titolo e il nome dell'autore ed esporterà automaticamente l'audio.

In questo modo potrai utilizzare YouTube come piattaforma di hosting e distribuzione nel caso tu abbia già una presenza su YouTube o voglia distribuire il tuo podcast in maniera più flessibile rispetto a quella classica del podcasting e generare così anche nuovo traffico.

Pensa che il player di YouTube è l'unico player che è universalmente supportato da tutti i computer, tablet e smartphone esistenti.

iTunes

Che tu scelga di utilizzare Spreaker piuttosto che SoundCloud o Libsyn, potrai in ogni caso compiere il passo successivo nella distribuzione del podcast.

La più nota piattaforma di distribuzione per i podcast è iTunes, lo store creato da Apple che consente di avere accesso principalmente ai contenuti musicali ma anche alle applicazioni, ai libri e ai podcast.

All'interno dell'iTunes Store in cui potrai iniziare a navigare semplicemente aprendo iTunes (dal tuo computer se hai un Mac o altrimenti dopo averlo installato) troverai diverse sezioni.

Cliccando la sezione podcast che è quella che ci interessa si aprirà una pagina molto simile a un palinsesto, una sorta di classifica dove potrai vedere tutti i podcast ospitati da iTunes.

In particolare potrai scegliere di vedere i podcast divisi per categorie d'appartenenza, quelli pubblicati di recente (indicati come "Nuovi e degni di nota"), quelli più cercati in base al numero degli ascolti e all'attenzione che stanno riscuotendo oppure i podcast più richiesti.

Navigando tra le varie categorie o facendo una ricerca dedicata potrai scoprire se ci sono altri podcast che parlano del tuo stesso argomento. Inoltre potrai conoscere e simulare il percorso che farà l'utente quando andrà a cercare il tuo podcast su iTunes.

Dal mio punto di vista iTunes ha dei grandi pregi:

- è un meccanismo di accesso ai podcast molto semplice;

- offre agli utenti la possibilità di recensire e valutare i podcast e di conseguenza ai loro creatori di ottenere dei feedback da parte di chi li ascolta;

- è la piattaforma più utilizzata per trovare nuovi podcast;

- è integrato con altre tecnologie di distribuzione e fruizione come Apple TV.

Questo anche perché lo stesso iTunes è un podcast player: un software attraverso il quale le persone possono iscriversi ad un podcast dopo averlo trovato e ascoltarlo direttamente.

Inoltre la Apple ha creato un'applicazione che si chiama Podcast, che è installata su tutti i suoi dispositivi e che è proprio un podcast player di base.

Attraverso questa applicazione le persone dopo essersi iscritte al podcast lo potranno ascoltarlo dallo smartphone e dal tablet.

Quella di iTunes è stata una grossa rivoluzione dal punto di vista culturale.

Steve Jobs attraverso il lancio dell'iPod e la creazione dell'iTunes Store come negozio nel quale comprare i file musicali da inserire nell'iPod invece di scaricarli illegalmente, ha storicamente e socialmente validato la pratica di ascoltare musica non sui dischi o sulle musicassette acquistati nei negozi tradizionali ma attraverso file digitali scaricati dal Web.

Così facendo è riuscito a creare anche un modello di business dando alle persone la possibilità di acquistare i singoli brani attraverso questa stessa piattaforma al prezzo di 0,99 centesimi.

Una piattaforma come questa che ospita centinaia di migliaia di file musicali si presta molto bene anche a distribuire i podcast, soprattutto perché la distribuzione di questi ultimi è gratuita.

Visto com'è strutturato l'iTunes Store però è lecito il dubbio che anche la distribuzione dei podcast sia pensata per essere a pagamento. Su ogni podcast infatti è specificato che è gratis, cosa che non sarebbe stata necessaria se questi fossero stati pensati per rimanere gratis per sempre su iTunes.

Stare su iTunes ti da sicuramente accesso ad un pubblico più ampio. Il pubblico delle persone che sono abituate ad acquistare musica, ad ascoltarla dallo smartphone, che sono alla ricerca di nuovi contenuti audio, non per forza musicali, e quindi pronte dal punto di vista tecnologico per diventare anche ascoltatori del tuo podcast.

Analogamente alle altre piattaforme di distribuzione (le più note sono Stitcher o TuneIn) iTunes fa da ponte tra il file audio MP3 del podcast che hai pubblicato sul tuo audio hosting e le persone che hanno trovato il tuo podcast, si sono iscritte e vogliono ascoltarlo attraverso un'applicazione installata sul proprio smartphone o un software sul computer.

Tra le piattaforme di distribuzione iTunes rappresenta quello che Google è tra i motori di ricerca. È vero che il Web esiste a prescindere da Google ma senza di esso sarebbe sicuramente meno utilizzato.

È Google che ci prende per mano quando abbiamo una esigenza, un dubbio o andiamo alla ricerca di qualcosa e ci porta dritti verso il contenuto di cui abbiamo bisogno.

Oltre a Google che è sicuramente il più generalista esistono anche motori di ricerca più specifici e con bacini di utenti più ristretti (per esempio Bing). Se per esempio ho bisogno di cercare un libro nelle biblioteche del Comune di Roma, non farò una ricerca su Google ma sul motore di ricerca del sito del Comune di Roma, che pur essendo meno utilizzato, è più adatto per trovare quello che mi serve.

Allo stesso modo oltre ad iTunes esistono piattaforme di distribuzione come Stitcher o TuneIn che pur essendo meno frequentate di iTunes sono specifiche per i podcast e pensate appositamente per questo tipo di utilizzo.

Per questo vale comunque la pena di prenderle in considerazione per la distribuzione del tuo podcast.

Per quanto riguarda la piattaforma di hosting è importante sceglierne una sola poiché l'upload del file MP3 per trasferirlo sul Web viene fatto una sola volta.

A livello di distribuzione invece è consigliabile utilizzare tutte le piattaforme disponibili anche se poi nella pratica rimani focalizzato su una in particolare, magari proprio iTunes. Questo è quello che faccio io per il mio podcast "Strategia Digitale" nel momento in cui vado a chiedere ai miei ascoltatori delle recensioni per il podcast e li rimando direttamente su iTunes.

Come consiglio generale mi sento dunque di incoraggiarti a essere presente su tutte le piattaforme di distribuzione ma anche di impegnarti a fare in modo di essere il primo su una di queste.

Tutte le piattaforme di distribuzione hanno una applicazione dedicata che una volta scaricata consente di fruire dei podcast ai quali ti sei iscritto anche da smartphone.

L'applicazione di iTunes come ti ho già detto si chiama Podcast mentre Stitcher ha un'applicazione omonima, così come TuneIn.

Lo stesso discorso vale anche per SoundCloud (di cui ti ho parlato prima come piattaforma di hosting) e Spreaker: hanno le loro applicazioni dedicate che ti consentono di ascoltare gli episodi dei podcast ai quali ti sei iscritto.

A parte queste applicazioni legate alle piattaforme esistono anche delle applicazioni indipendenti.

Sto parlando dei podcast reader (come per esempio Castamatic, l'applicazione sviluppata da Franco Solerio per utenti iOS) che sono dei software con la sola funzione di riprodurre i file audio dei podcast.

Sarà sufficiente fare un ricerca inserendo il titolo del podcast o l'indirizzo del feed e con la app sarà possibile ascoltare il podcast.

Fino ad un annetto fa consigliavo alle persone che mi chiedevano una consulenza per l'avvio di un podcast di fare un gradino intermedio tra la piattaforma di hosting e quella di distribuzione.

Questo passo intermedio si chiama FeedBurner.

FeedBurner è una piattaforma che consente di mascherare l'indirizzo del feed RSS che esportiamo dalla piattaforma di hosting e di dare invece alle piattaforme di distribuzione un feed RSS mascherato.

Qual'è il vantaggio di questa operazione?

Bé nel caso in cui tu dovessi cambiare la piattaforma di hosting oppure qualche dettaglio riguardo al tuo podcast, come per esempio il titolo, l'autore o l'immagine della copertina (come personalmente mi è capitato di fare), non dovrai andare a modificare queste informazioni su ogni singola piattaforma utilizzata (per esempio andando a cambiare l'indirizzo del feed importato).

Ti basterà andare su FeedBurner e modificare i dettagli inseriti. Queste informazioni andranno automaticamente nel feed mascherato cioè nel feed generato da FeedBunner che tu hai dato in pasto alle piattaforme di distribuzione.

Nell'ultimo anno ho abbandonato questa pratica in quanto già Spreaker consente:

- di personalizzare tutta una serie di informazioni sul tuo podcast;

- di gestire il feed da dare alle piattaforme di distribuzione e renderlo compatibile con tutti i podcast reader.

Questa funzionalità integrata all'interno di Spreaker ti consente quindi di eliminare questa intermediazione.

Nel caso in cui per qualche motivo tu non decidessi di utilizzare Spreaker ti invito a considerare anche questo aspetto e quindi l'utilizzo di FeedBurner.

Embed e condivisione

Ricapitoliamo brevemente.

Hai pubblicato il tuo primo episodio online all'interno del tuo podcast, mettiamo il caso su Spreaker all'interno del tuo nuovo podcast show.

Hai preso il feed RSS del tuo show e lo hai dato in pasto alle principali piattaforme di distribuzione.

Cominciano ad arrivare i primi ascolti di utenti che si sono iscritti al podcast, magari dopo averlo notato tra quelli pubblicati di recente.

A questo punto se magari hai anche una presenza sui social network (una pagina Facebook, LinkedIn, un sito web o un blog) potresti avere il desiderio di portare il tuo podcast anche in questi luoghi.

Come fare?

La tecnologia che ti viene incontro è quella dell'embed cioè la stessa che consente di prendere un video su YouTube e condividerlo su altre piattaforme attraverso un link univoco al file video.

Questa tecnologia dell'embed è particolarmente indicata se hai per esempio un blog su WordPress perché le persone potranno ascoltare l'episodio direttamente dal blog senza dover lasciare la pagina.

L'embed si può anche fare per esempio attraverso Facebook che riconoscerà il player all'interno della pagina di distribuzione: ti basterà inserire il link alla pagina del tuo episodio per consentire ai tuoi amici di ascoltarlo direttamente.

Se utilizzi LinkedIn Pulse per pubblicare i tuoi contenuti avrai invece bisogno di un codice embed per far ascoltare i tuoi podcast direttamente dai post che pubblicherai su di esso.

Ti starai forse chiedendo perché ti parlo proprio di LinkedIn. Beh ti ricordo che in questo libro il podcast viene inteso come strumento di marketing e di business e questo mi porta primariamente a pensare alle piattaforme che hanno un potenziale di business più elevato.

Queste piattaforme possono essere:

- **Facebook** (con le pagine pubbliche o con i profili personali) per i servizi e i prodotti destinati al cliente finale;

- **LinkedIn** per i servizi orientati ai clienti di tipo business. Grazie a LinkedIn la tua rete professionale potrà sapere che hai pubblicato un episodio del podcast e ascoltarlo direttamente dal suo feed degli aggiornamenti.

Ma come si fa a inserire l'embed del file audio su LinkedIn?

C'è un piccolo trucco che ti voglio insegnare, che ho sperimentato personalmente e che al momento è l'unico modo con cui ti puoi assicurare che questo tuo file venga pubblicato correttamente.

Questo piccolo trucco coinvolge YouTube nella sua veste di piattaforma di distribuzione. Io faccio in questo modo:

- **pubblico un episodio** di "Strategia Digitale" su Spreaker;

- **con un click esporto il file da Spreaker** su YouTube e come già ti ho spiegato, così viene generato un video particolare con una immagine fissa e dal quale si può ascoltare l'audio;

- **copio l'embed del file di YouTube** e lo vado ad inserire all'interno del post che pubblicherò su LinkedIn Publisher o com aggiornamento sulla mia bacheca.

Penso ti sia comunque utile conoscere questa pratica che magari nel momento in cui tu starai leggendo questo libro sarà obsoleta perché nel frattempo anche LinkedIn avrà iniziato a supportare pienamente l'embed di Spreaker e di tutti gli altri servizi perché ti fa capire come la possibilità di distribuire il tuo podcast su piattaforme universalmente utilizzate come YouTube ti consenta la massima compatibilità, il concetto di compatibilità è fondamentale quando parliamo di distribuzione del podcast.

Voglio dire che il tuo compito non si esaurisce con la pubblicazione e la distribuzione del podcast.

Tu devi fare tutto ciò che è in tuo potere per essere sicuro che dalla piattaforma di distribuzione il podcast sia realmente fruibile dai dispositivi utilizzati dai tuoi ascoltatori. Quindi il fatto di poter ascoltare con un clic un tuo episodio per esempio su Facebook o su LinkedIn non è una responsabilità che deve gravare sulle spalle di chi ascolta ma è una responsabilità tua.

Nella misura in cui riuscirai a rendere facile e immediata l'esperienza di ascolto del tuo podcast i tuoi ascoltatori ti seguiranno più volentieri e otterrai degli ottimi riscontri.

Se invece abbandonerai semplicemente il file del tuo podcast sul Web pensando "in qualche modo faranno" o "se non sono tecnologicamente abbastanza esperti sono fatti loro", mancherai di quella mentalità e determinazione necessarie a metterti al servizio del tuo ascoltatore.

Non devi commettere l'errore di concentrarti totalmente sulla produzione senza prenderti cura come invece dovresti, della distribuzione.

La distribuzione è l'equivalente del postino che deve consegnare la nostra lettera d'amore.

Ovviamente noi faremo di tutto per assicurarci che la lettera giunga a destinazione della nostra amata o del nostro amato. Scriveremo con cura l'indirizzo sulla busta in modo che il postino non si sbagli nella consegna e pagheremo un po' di più per avere una spedizione tracciata e più sicura.

La distribuzione secondo me è un po' questo, un qualcosa che non ha a che fare solamente con aspetti tecnici ma ha anche un ruolo fortemente strategico. Per questo merita tutta la tua cura e attenzione.

App

Quando avrai già un nutrito pubblico di ascoltatori, potrà essere il caso di sviluppare un'applicazione per la distribuzione del tuo podcast.

Un'applicazione ti da il vantaggio di avere un collegamento diretto con i tuoi ascoltatori.

È vero che per esempio attraverso l'applicazione Podcast di Apple le persone potranno iscriversi al tuo podcast e ricevere tutti i tuoi episodi a mano a mano che vengono pubblicati, ma così riceveranno anche tutti gli episodi della tua concorrenza o di altri podcast.

La capacità di ascolto del tuo ascoltatore sarà messa a dura prova nel momento in cui aprirà la sua app e sarà combattuto tra l'ascolto di un contenuto piuttosto che un altro.

Costruire un'applicazione dedicata è senz'altro un aiuto per la fidelizzazione dei tuoi ascoltatori e questo è molto importante quando si fa un podcast a scopo di business.

Con un'applicazione dedicata offri direttamente ai tuoi ascoltatori la scelta tra:

- **aprire il podcast player** dove troverà comunque anche i tuoi episodi;

- **aprire l'app del tuo podcast** dove troverà in automatico tutti i tuoi episodi.

Tramite un'applicazione dedicata potrai mandare per esempio delle notifiche push cioè dei messaggi diretti ai tuoi ascoltatori.

Questo è ciò che fanno per esempio Franco Solerio e la sua squadra di digitaliani il lunedì sera inviano delle notifiche push agli ascoltatori ogni volta che sta per iniziare la diretta attraverso l'app sviluppata per il loro podcast "Digitalia".

All'interno della tua applicazione potrai avere delle statistiche d'ascolto più accurate sui tuoi utenti e potrai integrare anche altre funzionalità, come per esempio mettere a disposizione tuoi prodotti o servizi.

Come fare a sviluppare un'applicazione se non hai una competenza specifica che ti consenta di fartela da solo e senza spendere un capitale? È semplice, con Spreaker.

Spreaker offre un servizio che consente di trasformare automaticamente il tuo podcast in un'app, al costo minimo di un abbonamento annuale, e di averla ospitata dai principali store come l'App Store di Apple e il Play Store di Google.

Secondo me questa è un ottima opportunità soprattutto dopo che avrai avviato il tuo podcast e quindi in una fase in cui hai già un pubblico di ascoltatori che ti seguono fedelmente e che saranno pronti, quando tu li inviterai a scaricare la tua applicazione dedicata, a seguire il tuo consiglio, valorizzando così il tuo minimo investimento sulla creazione dell'app.

Instant messenger

Un'altra interessante forma di distribuzione del podcast è quella tramite instant messenger.

Per il mio podcast "Strategia Digitale" utilizzo come instant messenger Telegram.

Su Telegram ho creato un canale dedicato al quale gli ascoltatori del podcast possono iscriversi e ricevere così messaggi testuali, immagini, video e i collegamenti ai file audio dei miei episodi: http://telegram.me/strategiadigitale.

Questa pubblicazione avviene in maniera automatica tramite un bot cioè un software che va a vedere il mio feed e controlla se sono usciti dei nuovi episodi.

Se ci sono dei nuovi episodi pubblica automaticamente sul canale Telegram il link ad essi.

Il vantaggio dell'utilizzo di un instant messenger come Telegram (o in alternativa Facebook Messenger o Whatsapp) sta nel fatto che offro alle persone un canale alternativo alla piattaforma di distribuzione classica.

Non avrò bisogno quindi che il mio ascoltatore apra per esempio l'applicazione Podcast di Apple per vedere qual'è l'ultima puntata del mio podcast poiché sono io che gli notifico direttamente e in tempo reale l'uscita della puntata.

Pensa per esempio a un ascoltatore che utilizza un podcast player e ha disattivato le notifiche push dalla sua applicazione. Grazie all'instant messenger sarà comunque avvisato dell'uscita delle nuove puntate e questo è sicuramente molto vantaggioso.

Se da un lato potrai avvisare facilmente gli ascoltatori dell'uscita di nuovi episodi avrai dall'altro la possibilità di usufruire anche di un canale di ritorno.

Le persone infatti potranno a loro volta inviarti dei messaggi, dei feedback sugli episodi, farti delle domande e perché no, potranno esserti anche d'aiuto nella creazione di nuovi episodi.

Web radio o radio FM

Per la distribuzione del tuo podcast puoi scegliere infine anche la tradizionalissima Radio FM o tramite Web Radio.

Com'è successo a me capiterà anche a te, non appena il tuo podcast raggiungerà un minimo di notorietà, di ricevere proposte da parte di Web Radio per la pubblicazione e la distribuzione dei tuoi contenuti.

Questa forma di distribuzione è un aiuto importante per le piccole radio, soprattutto quelle locali oppure per le Web Radio che hanno bisogno di contenuti che tu sei in grado di offrire.

È importante però anche per te perché così avrai la possibilità di portare il tuo podcast a un pubblico diverso, nuovo e che magari non l'avrebbe cercato tramite iTunes o le altre piattaforme di distribuzione digitale perché non conosce il podcasting.

La possibilità di distribuire il podcast tramite Radio FM o Web Radio è naturalmente subordinata alla possibilità del tuo podcast di essere qualitativamente adatto all'inserimento in un palinsesto tradizionale. Di base quindi il podcast dovrà avere queste caratteristiche:

- **una buona qualità dell'audio;**

- **il rispetto del diritto d'autore** per quanto riguarda le basi musicali e gli altri contenuti audio utilizzati;

- **un solido formato editoriale;**

- **una durata conforme** alla distribuzione tramite radio.

Se dunque il tuo podcast ha un audio gracchiante, brani musicali o inserti audio dei quali non detieni i diritti e una durata troppo elevata (per esempio un ora ogni episodio), sarà difficilmente inseribile nel palinsesto di una radio.

Questo perché i programmi radiofonici solitamente sono più brevi, hanno una durata standard e utilizzano periodicamente degli inserti musicali per spezzare il parlato. Tanto più il tuo podcast avrà queste caratteristiche quanto più potrà essere adatto per la distribuzione tramite Radio FM o Web Radio.

Questo canale di distribuzione poi è particolarmente adatto per i podcast che trattano argomenti un po' più generalisti come per esempio "Start Me Up", il podcast creato da Fabio Bruno sulle start up italiane e che viene distribuito da varie Web Radio locali.

Se dunque ti interessa questa forma di distribuzione è importante che ti prenda cura della qualità dell'audio e del formato dei tuoi contenuti.

Se lo farai, potrai tu stesso proporti e andare ad offrire magari alle tue radio locali o alle Web Radio il tuo podcast in maniera gratuita o con qualsiasi altro tipo di accordo di distribuzione.

FAI MARKETING E PROMUOVI

Copertina

Il primo elemento molto importante per il marketing e la promozione del tuo podcast è la copertina che è la sua faccia.

La copertina è l'immagine attraverso la quale il tuo podcast appare sulle piattaforme di distribuzione, quella che gli ascoltatori iscritti vedono all'interno del loro podcast reader o podcast player. In poche parole la copertina è la faccia del tuo podcast.

Non è dunque una cosa da lasciare al caso ma che anzi, soprattutto in una fase iniziale in cui le persone non si sono ancora iscritte al podcast, può fare la differenza.

Se la tua copertina non è fatta in maniera professionale, non consente di capire quello di cui parli ed è brutta o incapace di attirare l'attenzione dei potenziali ascoltatori del tuo podcast, allora avrai completamente sprecato le sue potenzialità.

Questo anche perché, come ti ho già detto parlando delle piattaforme di distribuzione, molte volte la scelta di ascoltare un nuovo podcast avviene:

- **per segnalazione da parte di iTunes** che inserisce il podcast tra i "Nuovi e degni di nota", suggerendone così l'ascolto;

- **per affinità di categoria**, nel senso che tipicamente cerchi un nuovo podcast all'interno di una categoria a cui appartengono quelli che già ascolti.

L'esito della battaglia tra i podcast che ti verranno così proposti è determinato praticamente solo da due elementi: il titolo e la copertina.

Se dunque vuoi fare una buona impressione sulle persone che ti ascolteranno devi avere una copertina professionale.

Come si realizza una copertina professionale? Beh, non è semplice soprattutto se non hai esperienza nel campo della grafica. In questo caso le alternative sono due.

Per prima cosa potrai rivolgerti ad un grafico professionista che realizzerà senz'altro una copertina professionale ma al prezzo di qualche centinaia di euro che, soprattutto nella fase iniziale, potrebbe esserti più comodo investire su altre risorse.

L'alternativa che ti consiglio, alla quale io stesso ho fatto ricorso diverse volte sempre con buoni risultati, è andare su un sito web come per esempio Fiverr e di affidare la creazione della copertina ad un web designer professionista con un investimento a partire da cinque dollari.

Ti basterà lanciare una richiesta per la creazione della tua grafica, specificando le tue esigenze, le tue preferenze (magari anche inserendo dei link a immagini di copertine che ti piacciono) o quello che vuoi trasmettere alle persone. Il designer realizzerà in qualche giorno la tua copertina che potrai comunque chiedergli di modificare e che alla fine sarà bella e professionale ma a poco prezzo.

È possibile che trovandoti davanti vari bozzetti diversi tu non sappia quale scegliere. Quando io mi trovo in questa situazione e devo fare una scelta utilizzo due strade.

La prima è quella di chiedere direttamente alla mia community, cioè agli ascoltatori del mio podcast, ai quali propongo delle alternative per sentire da loro che sono i veri appassionati del podcast in quale si riconoscono di più.

La seconda è fare un test di visualizzazione nel contesto specifico, che ti consiglio soprattutto se sei all'inizio e quindi non hai ancora una community di ascoltatori. Ti spiego come si fare.

Per prima cosa vado su iTunes, seleziono la categoria nella quale andrò a pubblicare il mio podcast e faccio uno screenshot del gruppo di quelli che sono i podcast degni di nota o più richiesti all'interno di quella categoria.

Poi con un programma di grafica (io utilizzo Apple Keynote) prendo questa immagine e vi inserisco, sovrapponendola, quella della mia potenziale copertina. In questo modo facendo un passo indietro rispetto allo schermo del mio computer posso vedere come apparirebbe su iTunes la mia copertina in mezzo ad altre e avere un idea di quello che vedranno le persone quando il mio podcast sarà pubblicato. Questo ti aiuterà a scegliere, anche perché il nostro cervello non giudica mai in maniera astratta ma piuttosto mettendo a confronto varie cose per individuare quella che gli piace di più.

Se oltre alla copertina dovrai creare anche un sito web, la tua pagina Facebook o il canale YouTube ti consiglio di mantenere una linea grafica comune, fai cioè in modo che le persone che conoscono la tua copertina ti possano riconoscere anche quando l'immagine si troverà in altri formati o contesti.

In ogni caso una copertina professionale ti da una possibilità in più. Se quella del tuo podcast avrà una scarsa qualità o l'immagine e la grafica non saranno professionali, stai pur certo che la redazione di iTunes non metterà in risalto il tuo podcast tra i "Nuovi e degni di nota" e avrai perso così una grande opportunità per promuoverlo.

Trascrizione

Una prima strategia, per quanto riguarda il marketing e quindi la ricerca della visibilità per il tuo podcast, è la trascrizione del contenuto.

Ti dirò che questa è in realtà una strategia di promozione esterna in quanto si tratta di prendere un contenuto audio e di trasformarlo in un contenuto testuale.

Molto probabilmente ora, ripensando a quello che ti ho detto all'inizio di questo libro in merito alle potenzialità del podcast rispetto ai contenuti testuali, ti starai chiedendo qual'è il senso di trasformare il podcast in un testo. Giusta osservazione.

Il senso è che in realtà la maggior parte della ricerca sul Web avviene in forma testuale. Molto semplicemente le persone vanno su Google, scrivono una frase oppure alcune parole chiave, lanciano una ricerca e trovano dei contenuti.

Il motore di ricerca indicizza anche i contenuti audio però visto che al momento non è ancora in grado di riconoscere cosa viene detto, non gli darà sicuramente un buon posizionamento rispetto ai contenuti testuali sullo stesso tema. La forma in cui il contenuto audio viene indicizzato è la pagina di un episodio del podcast, per esempio su Spreaker, nella quale come testo c'è solo il titolo dell'episodio, il nome dell'autore e qualche tag.

Come fare allora a utilizzare il motore di ricerca come canale di entrata di nuovi ascoltatori?

Ti basterà trasformare il contenuto audio del podcast in un contenuto testuale. In questo modo offrirai a chi troverà quel testo (per esempio sotto forma di post di un blog) anche la versione audio e potrai consentire anche a chi magari preferenzialmente cerca contenuti testuali di scoprire il mondo del podcasting proprio attraverso il tuo podcast.

Se dunque la pubblicazione di contenuti testuali non sarà il tuo focus e nemmeno l'unico canale che sceglierai per fare content marketing, potrai utilizzarlo comunque come canale di supporto per richiamare attenzione e quindi fare marketing del tuo podcast.

Come si può fare questa trascrizione dall'audio al testo?

La puoi fare direttamente tu o ti puoi affidare a un servizio professionale di trascrizione (che solitamente ha un costo al minuto) inviando il file audio che ti verrà restituito sotto forma di testo. A questo punto tu dovrai solo formattarlo e pubblicarlo.

Potrai pubblicare il testo in un post del tuo blog o sui social media. Potrai anche inserirlo come descrizione del video di YouTube che hai esportato automaticamente da Spreaker con la traccia del tuo podcast, oppure sulla pagina stessa dell'episodio, utilizzandolo così come complemento alla sua pubblicazione e questo ti sarà molto utile in quanto agevolerà il posizionamento della pagina dell'episodio sui motori di ricerca.

Un tipo particolare di trascrizione è quella che io chiamo trascrizione ragionata o trascrizione schematica.

Sul blog di YouMediaWeb con l'aiuto dei miei collaboratori ho pubblicato nel tempo diverse trascrizioni. Per ogni episodio che veniva creato un editor lo ascoltava e invece di trascrivere parola per parola creava una sintesi testuale dell'episodio schematizzando i concetti principali e inserendo magari qualche link di complemento.

Questa trascrizione ragionata ha un alto valore aggiunto ma allo stesso tempo richiede un lavoro molto accurato o una professionalità specialistica, dal momento che non è da tutti riuscire a creare da un episodio una sintesi realmente utile, completa dei link opportuni.

A questo discorso della trascrizione possiamo affiancare quello della suddivisione del podcast in sotto-argomenti (o highlights).

Questa è una pratica abbastanza diffusa che utilizza per esempio il mio collega Alessio Beltrami, consulente esperto di content marketing e di blog aziendali, creatore di due podcast e ospite del podcast "Marketing Semplice" di Francesco Bersani.

Alessio Beltrami inserisce all'interno di un blog post una breve introduzione all'episodio e poi l'indice degli argomenti cioè tutti i temi trattati nel podcast con il relativo minutaggio (l'indicazione del minuto esatto in cui all'interno del file audio si inizia a parlare di un determinato tema).

Questo rimando può essere fatto manualmente semplicemente dicendo che per esempio al minuto 4.21 parlerai di marketing dei podcast. Gli ascoltatori interessati a questo specifico argomento saranno dunque portati a muovere manualmente il cursore al minuto 4.21 per ascoltare proprio questo.

Nel caso in cui tu abbia esportato il podcast su YouTube utilizzando quest'ultimo come piattaforma di distribuzione, YouTube ti da la possibilità di generare un link all'episodio con un riferimento diretto al minuto in cui si parla di un determinato argomento (potrai linkare per esempio l'episodio 23 direttamente al minuto 4.21 in cui si parla di marketing dei podcast). Per ascoltarlo basterà cliccare sul titolo dell'argomento o sul relativo link.

Per soddisfare la stessa esigenza di ritrovare velocemente all'interno del podcast alcuni argomenti, una tecnologia interessante è quella dei capitoli.

Si tratta dell'utilizzo di un software (un marcatore) che è in grado di associare una meta-informazione al file MP3 del tuo podcast. In pratica va a scrivere sul file una informazione che ha a che fare con il tema trattato a un preciso minutaggio. Per esempio "al minuto 4.21 si parla di marketing dei podcast".

Queste informazioni vengono lette da alcuni podcast player come per esempio Castamatic. Quando il file viene riprodotto da Castamatic l'applicazione ti permette di aprire un indice dei capitoli dove troverai tutti i temi inseriti all'interno del file audio con i relativi minutaggi e quindi di andare direttamente al capitolo che ti interessa.

La possibilità di dare dei titoli agli argomenti trattati internamente al tuo podcast a prescindere dal titolo generale dell'episodio, ti porterà grandi vantaggi dal punto di vista del posizionamento sui motori di ricerca.

Ricordati che comunque, in alternativa o in maniera complementare alla trascrizione dell'episodio, potrai sempre inserire del testo aggiuntivo riferito agli argomenti trattati nella descrizione del tuo podcast, andando così a dettagliare meglio quello di cui stai parlando.

Se per esempio nel tuo podcast si parla di social network potresti fare più o meno così. Intitolare l'episodio "I social network" e riportare nella sua descrizione i sottocapitoli che ci sono all'interno dell'episodio stesso dicendo: "In questo episodio si parla di: potenzialità dei social network, il marketing sui social network, i pericoli dei social network, l'utilizzo dei social network da parte degli over 65".

Tutti questi termini vanno ad affiancarsi al più generico "social network" e consentono a Google di indicizzare e posizionare il tuo episodio in modo che magari risulti primo sulla pagina dei risultati di ricerca. Questo perché se una persona cercherà un argomento più di nicchia come per esempio i pericoli dei social network, il tuo podcast potrebbe essere evidenziato da Google come un contenuto valido per mancanza di concorrenza di altri contenuti che parlano dello stesso tema.

Digital asset e social media

La seconda strategia di marketing che puoi utilizzare va a focalizzarsi sui social media e quindi sulla creazione di una relazione con gli ascoltatori. Grazie a questo potrai farti notare dalle loro connessioni sociali e allacciare altre relazioni facendo così conoscere il podcast a nuovi ascoltatori.

I social media secondo me si possono dividere in due grandi famiglie:

1. **Social media di distribuzione** che sono quelli che ti consentono di distribuire i contenuti del tuo podcast affinché le persone possano accedervi in maniera diretta;

2. **Social media di complemento** e di approfondimento che non si prestano molto bene alla distribuzione del podcast ma consentono invece di offrire delle informazioni in più rispetto a quelle del podcast o che possono essere un supporto alla sua promozione o per il mantenimento della relazione con gli ascoltatori.

Vediamo subito quali sono i social media di distribuzione.

Twitter

Se hai un account su Twitter potrai inserire i link ai singoli episodi o in generale al tuo podcast. Potrai fare questa operazione manualmente, proponendo con una certa periodicità link ai tuoi contenuti, oppure in maniera automatica attraverso i servizi di social publishing. Questi ultimi ti consentono di creare una specie di piano delle pubblicazioni grazie al quale i link ai tuoi episodi verranno automaticamente pubblicati sul tuo canale Twitter .

Se vuoi promuovere il tuo podcast su Twitter in maniera intelligente lo puoi fare principalmente attraverso due formati.

Il primo consiste nell'inserire il titolo dell'episodio seguito dal link per ascoltarlo direttamente. Se il tuo episodio tratta di social media scriverai per esempio: "Scopri i social media" e a seguire il link per ascoltarlo.

Il secondo formato consiste invece nell'inserire una domanda alla quale il tuo episodio da risposta. Facendo sempre l'esempio dell'episodio sui social media potrai scrivere: "Sai che utilizzare i social media è pericoloso? Scopri perché" seguito dal link all'episodio. In questo modo costruisci una domanda intorno a un tema specifico e il link che inserisci subito dopo è il complemento all'argomento al quale hai alluso tramite Twitter.

Facebook

Facebook è un social media molto potente perché sostanzialmente si tratta di una piattaforma generalista dalla quale puoi avere accesso a tipi diversi di pubblico anche dal punto di vista del business. Voglio dire che i tuoi potenziali clienti o potenziali partner sono persone che, al 99%, hanno un profilo o una pagina su Facebook e lo utilizzano in maniera più o meno attiva.

Su Facebook hai la possibilità di creare una pagina pubblica cioè una pagina pubblica sulla quale potrai pubblicare gli episodi del tuo podcast ma anche contenuti complementari e gestire la tua community. Se non hai una pagina pubblica potrai in alternativa pubblicare gli episodi attraverso il tuo profilo personale.

Avere una pagina pubblica su Facebook non ti consente solo di pubblicare i tuoi contenuti ma anche di avere delle informazioni sulla tua audience. Potrai scoprire che età hanno le persone che ti seguono, il sesso, la provenienza geografica e anche dei dati sulle interazioni rispetto ai singoli contenuti. In questo modo potrai capire quali contenuti hanno suscitato più reazioni e meritano un approfondimento successivo.

Facebook ti offre oggi anche un altro strumento molto interessante e che ultimamente, assieme ai video, è molto utilizzato: sto parlando delle dirette.

Pensa per esempio al momento in cui stai facendo una registrazione live del tuo podcast. Visto che la creazione di un episodio può essere di per se stessa un piccolo spettacolo, potresti approfittarne per trasmettere anche su Facebook in diretta la realizzazione dell'episodio. Attraverso questo doppio live avrai la possibilità di catturare l'attenzione di nuove persone proprio grazie a Facebook e acquisire così nuovi ascoltatori per il tuo podcast.

Questo è ciò che hanno fatto molto simpaticamente Alessio Beltrami e Francesco Bersani nel loro podcast "Marketing Semplice" e anche tu potresti prendere in considerazione questo strumento come un interessante complemento alla tua strategia di comunicazione.

LinkedIn

Se il tuo scopo è quello di fare business col podcast, LinkedIn è senz'altro una piattaforma molto interessante.

Per la pubblicazione dei tuoi contenuti su LinkedIn puoi utilizzare due modalità diverse:

- puoi pubblicare il link al tuo nuovo episodio sotto forma di aggiornamento di stato direttamente dallo stream della tua homepage LinkedIn;

- puoi creare un immagine, da pubblicare sempre come aggiornamento, inserendo nella stessa alcune informazioni descrittive come il titolo e il link al tuo episodio.

Quest'ultima è senz'altro la modalità che ti consiglio se vuoi ottenere il massimo risultato col minimo sforzo. Per agevolarti ulteriormente potresti creare un'immagine standard (da ripubblicare di volta in volta) nella quale c'è la copertina del tuo podcast, il titolo, qualche elemento grafico o testuale per far capire che l'immagine si riferisce a un contenuto di tipo audio e magari anche una call to action (per esempio "ascolta l'ultimo episodio" seguita dal link all'episodio stesso).

Potresti anche scegliere un formato standard come fa per esempio Marzia Tomasin per il suo podcast "Periscritto" che inserisce un'immagine del personaggio intervistato e una frase ispirante pronunciata durante l'intervista.

L'alternativa alla pubblicazione nelle due modalità che ti ho appena indicato è quella di utilizzare Linkedin Publishing (un tempo chiamato Linkedin Pulse) che è una vera e propria piattaforma di blogging.

Nel caso in cui tu non abbia un blog ma voglia comunque pubblicare, per esempio, la trascrizione del tuo episodio o embeddarlo in modo che le persone possano ascoltarlo direttamente senza uscire da LinkedIn, Pulse è la piattaforma giusta per te.

Pulse è attivabile tramite il pulsante "Scrivi post" direttamente dalla tua pagina LinkedIn. A questo punto avrai la possibilità di scrivere un titolo, inserire un'immagine, embeddare il tuo episodio come video e inserire del testo.

Se sceglierai di utilizzare Linkedin Publishing avrai un grande vantaggio.

Dopo aver stabilito una connessione con la persona che hai intervistato potrai taggarla. Se hai intervistato per esempio Giulio Gaudiano potrai scrivere su Pulse "Intervista a Giulio Gaudiano" taggando Giulio Gaudiano. In questo modo LinkedIn creerà automaticamente un link tra il tuo contenuto e l'utente taggato. Giulio Gaudiano verrà avvisato della pubblicazione di quel contenuto, potrà consigliare e commentare quel post e così la pubblicazione del tuo episodio verrà amplificata nella rete sociale del tuo ospite.

La stessa cosa avviene su Facebook con le persone con le quali sei in connessione.

Il mio consiglio quindi è di non affidarti semplicemente alla speranza che qualcuno s'imbatta per caso nei tuoi contenuti ma utilizza anche la rete sociale dei tuoi ospiti taggandoli all'interno dei post che pubblichi sui social media.

Capisco che questo potrebbe sembrarti un procedimento un po' macchinoso ma in realtà nasconde un grande potenziale e ti posso dire che a me personalmente molto spesso porta nuovi ascoltatori e anche nuovi clienti. Queste sono persone che magari sono state invitate ad ascoltare il mio podcast attraverso i social media dai loro amici oppure che hanno scoperto l'esistenza di un mio contenuto attraverso un messaggio su Snapchat, se lo sono andati ad ascoltare, hanno cominciato a seguirmi su Facebook e poi mi hanno chiesto una consulenza.

Consentire una condivisione semplice da parte di chi ti ascolta basta secondo me a giustificare lo sforzo e l'investimento di tempo nel creare e pubblicare i tuoi episodi attraverso Facebook, LinkedIn o Twitter.

Per quanto riguarda invece i social media di complemento e di approfondimento non mi riferisco solo ad alcuni social che hanno questa caratteristica ma anche ad alcuni modi di utilizzare i social media. Da questo punto di vista anche Facebook, Twitter o LinkedIn possono essere utilizzati come canali di complemento e di approfondimento.

Mi riferisco semplicemente alla modalità di produzione dei contenuti. Voglio dirti che non dovresti pubblicare solamente il tuo podcast, l'invito ad ascoltarlo o a iscriversi ma anche delle foto, dei backstage, dei racconti di quello che fai, dei link a dei libri che stai leggendo e che vuoi consigliare o dei contenuti di articoli che stai leggendo per la preparazione del tuo episodio.

In pratica ti sto incoraggiando a utilizzare i social media non solo come canale di distribuzione ma come luogo appartato e privilegiato per seguire in un certo senso da dietro le quinte il tuo podcast.

I social media di complemento e di approfondimento come ti ho già detto si prestano poco e male alla distribuzione dei podcast ma offrono invece un grande valore dal punto di vista della comunicazione di valori complementari, della promozione della tua immagine o della relazione con i tuoi ascoltatori.

Instagram

Il primo di questi social media è Instagram (di proprietà di Facebook) che consente di pubblicare foto con piccoli testi descrittivi o brevi video.

Potrai pubblicare per esempio la foto che hai fatto con l'ospite del tuo podcast o un breve video con l'immagine del tuo schermo mentre stai montando un episodio. Ti sarà però possibile anche condividere la tua emozione per essere riuscito a ottenere un intervista da un personaggio che inseguivi da tempo o fare un ringraziamento per il finanziamento ricevuto da un tuo ascoltatore.

In questo modo potrai veicolare tramite l'immagine e completare attraverso la comunicazione visiva, un contenuto che invece sarebbe stato solo in formato audio.

Pensa che i tuoi ascoltatori non sanno che faccia hai e nemmeno qual'è il tuo modo di comportarti e di interagire attraverso strumenti diversi dal podcast. Utilizzare quindi la tua personalità per consentire al pubblico di identificarti meglio attraverso brevi video o immagini, come ti ho suggerito, ti aiuterà anche a fare personal branding.

Mentre in passato si tendeva a comunicare un'immagine costruita di se stessi sempre uguale a se stessa, come fosse una sorta di divisa professionale, l'utilizzo dei social media ci ha insegnato che la reiterazione di una stessa immagine personale in tante vesti diverse (quando stiamo lavorando al nostro podcast ma anche quando andiamo a correre) ha un effetto più incisivo nella percezione dei nostri ascoltatori.

Quello che voglio dirti è che non devi temere di trasmettere attraverso i social media un'immagine non professionale di te stesso. Non limitarti alla diffusione dei soli contenuti professionali ma esprimi anche le tue opinioni personali, le tue emozioni e i tuoi sentimenti, utilizzando i social come strumento più appartato di relazione.

Sarà proprio questa diversità di comunicazione, cioè quella più ingessata e professionale caratteristica del podcast da un lato e quella più intima e personale fatta attraverso i social media dall'altro, a spingere le persone a seguirti sui social media piuttosto che a essere semplicemente iscritte al tuo podcast e fruire dei tuoi contenuti.

Snapchat

Un social media che ultimamente sta avendo una grande diffusione (molto in voga negli Stati Uniti) tanto da essere copiato in maniera pedissequa da altri social come Instagram, Facebook e Whatsapp è Snapchat.

Snapchat unisce alla funzionalità tipica di un instant messenger, quindi alla possibilità di chattare in diretta, quella di pubblicare video e immagini creando delle storie pubbliche di noi stessi.

Questa caratteristica, assieme all'atteggiamento informale che lo contraddistingue e la disponibilità di strumenti di editing delle immagini e dei video molto avanzati ma allo stesso tempo intuitivi e diretti, hanno fatto di Snapchat un grande successo portandolo a scavalcare Facebook come applicazione più utilizzata in America. Come strategia di contrattacco commerciale Facebook ha copiato questa piattaforma donandole anche la possibilità di pubblicare storie così come permette di fare Snapchat.

Snapchat da un certo punto di vista è però una piattaforma chiusa in quanto per scoprire e seguire nuovi utenti devi conoscere il loro nome utente o lo Snapchat code, cioè un codice QR generato da Snapchat che, se viene scannerizzato, ti connette automaticamente con la persona che ti interessa.

Proprio questa natura un po' elitaria e restrittiva porta le persone che lo utilizzano ad essere più selettive (ad avere connessione solo con reali amici, persone delle quali hanno il numero di telefono o che gli interessa realmente seguire) ma anche più reattive nel senso che saranno più predisposte a seguire i consigli dati. Questo a differenza di Facebook dove io posso seguire te ma anche altri cinquecento amici, delegando a questo social media la selezione dei contenuti che magari poi scorro passivamente senza interagire.

Snapchat, ma anche Instagram, sono strumenti immediati che ti consentono di creare un supporto visivo alla tua comunicazione che altrimenti, attraverso il podcast, sarebbe meramente audio e anche di generare contenuti da ripubblicare su altri social media. Per esempio, potrai esportare la tua Snapchat Story e ripubblicarla in formato video su Facebook o portare su Linkedin un'immagine creata tramite Snapchat.

Queste due piattaforme vanno così a completare quelle principali di distribuzione del tuo podcast e ti aiutano anche a creare un palinsesto più ricco ma soprattutto consentono al tuo pubblico non solo di ricevere i tuoi aggiornamenti e i tuoi podcast ma anche di seguirti più da vicino e avere con te un contatto più diretto.

Ci tengo a precisare una cosa: tu stai utilizzando il podcast come strumento di marketing e di business e devi ricordarti che ogni operazione di marketing nasce dalla relazione.

Come diceva il "Cluetrain Manifesto", i mercati sono conversazioni e se vogliamo creare delle conversazioni dobbiamo creare un ambiente più intimo e sociale affinché venga la voglia di avviare e di portare avanti queste conversazioni.

Pubblicità

La pubblicità per quanto riguarda i podcast è un tema controverso.

Dovrai fare pubblicità a pagamento per il tuo podcast oppure ti basterà affidarti alla qualità dei tuoi contenuti, alla passione dei tuoi ascoltatori che parleranno bene di te ai loro amici o all'incontro fortuito delle persone con il tuo podcast grazie ai motori di ricerca?

Personalmente penso che una piccola spinta al podcast, soprattutto nella fase di lancio, non faccia male. Per questo ti consiglio di utilizzare Facebook Ads (anche se non utilizzi Facebook per gestire la tua community).

Facebook Ads è lo strumento pubblicitario che ti può portare maggior vantaggio in virtù di due tecnologie che ha implementato e che ti consentiranno di spendere meno per la tua campagna e di ottenere di più.

Come funziona Facebook Ads? É semplice. Vai su Facebook e crei una nuova campagna pubblicitaria che rimanderà a una pagina sul Web, per esempio quella del tuo sito. Su questa pagina, dalla quale sarà possibile iscriversi al tuo podcast, tu avrai incollato prima di tutto un piccolo codice che è il pixel di tracciamento di Facebook e che troverai all'interno del tuo account.

Questo pixel che in realtà è una piccola sequenza di codice messo all'interno della pagina del tuo sito, "marchierà la schiena" a tutti i visitatori che sono arrivati sulla pagina d'iscrizione al tuo podcast e ti consentirà di identificarli.

Dopo che avrai installato il pixel di Facebook sulla pagina del tuo sito web potrai lanciare la tua campagna pubblicitaria.

Per il lancio della tua campagna anziché indirizzarti verso un pubblico demograficamente molto ampio, potresti identificare quelle che sono le persone che secondo te possono più facilmente ascoltare il tuo podcast. Se per esempio il tuo podcast parla di business in campo tecnologico e ha un taglio particolarmente adatto ad un pubblico maschile, potresti impostare la campagna sugli uomini, tra i 35 e i 55 anni, che hanno come passioni la rivista Wired o le conferenze dei TED Talks.

Dopo aver lanciato la campagna pubblicitaria, il pixel comincerà a registrare i dati delle persone che fanno clic sulla pubblicità e visitano la tua pagina, a prescindere dal fatto che si iscrivano o meno al podcast.

Il passo successivo è di ritornare, dopo alcuni giorni, sulla tua campagna e dire a Facebook di non indirizzarla più a quel pubblico iniziale ma ad un pubblico simile a quello costituito dalle persone che hanno visitato la tua pagina. Dovrai in sostanza filtrare in maniera negativa coloro che hanno cliccato sulla pubblicità e visitato la pagina del tuo sito chiedendo a Facebook di non mostrare più a loro la pubblicità ma di mostrarla invece a coloro che hanno caratteristiche simili.

Questo piccolo trucco ti da la possibilità di lasciar tarare a Facebook i dati demografici e le caratteristiche comportamentali delle persone che sono in realtà il tuo pubblico ideale e così tu potrai fare una campagna pubblicitaria spendendo di meno e ottenendo di più.

Torniamo ora però a parlare dei nostri social media.

Una domanda che mi fanno molto spesso le persone alle quali ho dato delle indicazioni generali su quello che è lo spirito dei social media, su come utilizzarli e sulle ricadute positive che questo tipo di comunicazione può avere e che cosa pubblicare sui social media.

Se anche tu ti sei fatto questa domanda ti aiuterò indicandoti alcuni formati di contenuti che dal mio punto di vista si incastrano molto bene con quella che è la comunicazione relativa ad un podcast.

Backstage

Il primo formato che ti suggerisco, come già ti ho accennato, sono le immagini, i commenti, i video, i live che si riferiscono al backstage del tuo podcast. La scelta però di utilizzare un video piuttosto che del testo o delle immagini spetta solo a te, a seconda di quello che ti fa sentire più a tuo agio e anche che sei in grado di produrre (se per esempio non hai la fotocamera o un dispositivo analogo non potrai ovviamente fare dei video e dovrai scegliere un altro formato).

Quelle che posso darti io invece sono delle indicazioni sull'argomento da trattare, cioè tutto quello che sta dietro la produzione del tuo podcast.

Se stai facendo un'intervista per esempio potresti realizzare dei video nelle fasi del pre o del post intervista, quando con l'ospite si scherza e si fanno delle battute, in un momento di relax che altrimenti non verrebbe documentato nel podcast. Mostrare dei momenti relativi alla creazione degli episodi, pubblicando per esempio delle foto o dei piccoli video mentre fai il montaggio. Raccontare in un video la tua reazione nel momento in cui ricevi una email da una persona che ti ha concesso l'intervista e alla quale tieni molto.

Quando do questi consigli le persone solitamente mi manifestano anche una perplessità, temono cioè che in questo modo il podcast perda un po' di professionalità e risulti piuttosto "casareccio".

Secondo me la professionalità è fatta anche da una componente artigianale e l'immagine che esce da questo tipo di comunicazione e che è appunto il backstage non è l'immagine di una comunicazione casareccia fatta in maniera approssimativa. Se tu ci metti professionalità e passione viene fuori l'artigianalità del tuo podcast, il suo valore e al tempo stesso impressiona vedere come una sola persona o poche persone possano costruire un prodotto di comunicazione che poi nel risultato finale è molto professionale.

Mi ricordo che una volta ho pubblicato sui social media una foto di me che registravo un episodio del mio podcast a mezzanotte dalla dispensa della mia casa in Sud Australia.

Dovevo per forza registrare quell'episodio per il giorno dopo ma al tempo stesso non potevo svegliare la mia famiglia e così il posto più silenzioso e con poco riverbero a mia disposizione in quel momento era la dispensa. Quella foto ha stupito moltissimi dei miei ascoltatori che non riuscivano a credere come un podcast con un suono così pulito fosse stato registrato in una dispensa.

Anche questo può essere dunque un elemento di personal branding che può colpire chi ti ascolta e far capire loro come riesci a risolvere i piccoli problemi pratici che ti si pongono davanti quando realizzi il podcast.

Teaser

Un secondo elemento che puoi inserire nei social media con risultati interessanti è rappresentato dai teaser cioè piccoli contenuti (immagini, testo, audio o video) che fanno crescere l'aspettativa rispetto alla pubblicazione della puntata. Diciamo che i teaser hanno un po' la funzione dei trailer per il cinema. Ti faccio alcuni esempi di quello che possono essere i teaser:

- **piccole clip audio** estratte dalla traccia del podcast com fa "Digitalia" sulla su pagina Facebook;

- **sintesi di alcuni temi** trattati nel podcast fatte magari in quel formato di cui ti ho già parlato a proposito di Twitter, cioè focalizzando una domanda oppure un tema e raccontando come verrà affrontato all'interno del podcast;

- **immagini** che mostrano il volto di un ospite e che hanno un focus su un tema che l'ospite tratta oppure anche sulla personalità dell'ospite stesso come Marzia Tomasin fa su LinkedIn per promuovere il suo podcast "Periscritto";

- **altri media** che siano in grado di invogliare l'ascolto del podcast. Per esempio Matteo Neroni, per il podcast "Liberamente" pubblica su Facebook un video dal montaggio veloce con spezzoni delle interviste fatte per realizzare l'episodio.

La cosa importante è che il teaser non sia una pubblicità al tuo podcast cioè che non spinga in maniera artificiosa le persone ad ascoltarlo, ma dia semplicemente un assaggio. Non dovrai dire per esempio "Ascolta qui il migliore contenuto" o "Ascolta il podcast che può cambiarti la vita" ma piuttosto "Domani sera alle 20.30 ci sarà il live del mio podcast in cui si parlerà di…".

Il teaser in sostanza non deve essere un volantino pubblicitario ma una degustazione, l'assaggio con attenzione e in maniera limitata di quello che sarà il piatto finale e con l'introduzione da parte di un cuoco esperto.

Frasi, citazioni, aforismi

Un formato che spopola sui social media e che si può adattare molto bene al podcast è fatto dalle frasi, le citazioni, gli aforismi.

Con questi tre elementi e con l'aiuto di alcuni programmi di foto editing che puoi trovare anche online gratuitamente e che ti offrono dei template già pronti o delle gallerie di immagini royalty free, potrai creare facilmente delle bandiere sociali.

Le bandiere sociali sono delle immagini solitamente in formato quadrato con al proprio interno del testo che si va a sovrapporre all'immagine e al quale si possono applicare anche diversi effetti grafici.

Per realizzare le tue bandiere sociali potresti utilizzare Canva, Aviary, Snapchat, Instagram o la app per fare photo editing sul tuo smartphone.

Nelle tue bandiere sociali potrai inserire per esempio delle citazioni tratte da una intervista che hai fatto o delle citazioni di te stesso prese dal tuo parlato in un episodio del podcast.

Usare questo tipo di contenuti ha sicuramente dei risvolti positivi.

Il primo è che ha una funzione ispirante nel senso che chi legge la bandiera sociale può trarre ispirazione dal testo che vi è riportato e al tempo stesso può condividere quello che viene detto, a prescindere dal fatto che conosca il tuo podcast o che ne condivida i contenuti.

Il secondo è che crea un link a livello di branding tra il personaggio del quale hai inserito la citazione e quello che dici tu, l'autore del podcast. Voglio dire che se per esempio ti occupi di crescita e di sviluppo personale potrai citare Antony Robbins, famoso trainer e coach di fama mondiale. In questo modo crei un link inconsapevole tra te e gli argomenti che tratti nel tuo podcast e ciò che il brand Antony Robbins rappresenta.

Condividendo le bandiere sociali sui social media riceverai molto spesso dei like che però non si riferiscono a te o al tuo podcast ma al tema che è trattato nella frase. Se una persona è d'accordo con questa affermazione tende facilmente a mettere un mi piace.

Questo ti porterà dei risultati positivi in termini di engagement e il tuo post o la tua presenza social guadagneranno credibilità e autorevolezza. Il tuo brand potrebbe arrivare a delle cerchie sociali delle persone che hanno messo il like o a delle persone che già ti seguono magari sulla tua pagina Facebook, ma che raramente vedono i tuoi aggiornamenti, a causa della selezione che opera l'algoritmo di Facebook, e quindi portare nuove persone a vedere costantemente i contenuti che pubblichi.

Risonanze

Un altro formato interessante è quello delle risonanze relative alla tua attività di podcaster. Eccoti qualche esempio.

Potrebbe trattarsi di una email di apprezzamento (o di critica) rispetto ai contenuti che hai pubblicato oppure un commento, per esempio su Twitter, che qualcuno ha fatto sul tuo episodio o un blog che ha pubblicato il tuo contenuto indicandolo come un contenuto di valore o il primo posto raggiunto dal tuo podcast sulla classifica di iTunes.

Qualche tempo fa ho pubblicato un episodio su "Pokemon Go", il popolare videogioco della Nintendo, e sulle opportunità di business legate ad esso. La settimana successiva su un altro noto podcast è uscito un episodio sullo stesso tema.

Bene, ora che hai capito in che cosa consistono le risonanze conseguenti alla pubblicazione dei tuoi episodi, che cosa puoi fare? È semplice, le porti sui social media. Ricordati che questo vale sia per gli apprezzamenti che per le critiche.

Potresti realizzare uno screenshot (una fotografia dello schermo del tuo computer), ritagliare il tweet, il commento o la email e ripubblicare questa immagine sui tuoi social indicando dei temi complementari o d'approfondimento o addirittura chiedendo supporto alla tua community per rispondere a commenti negativi.

Nella mia esperienza personale mi è capitato più volte di affrontare dei flame (che sono delle discussioni create con il solo scopo di provocare) lanciate dai cosiddetti troll (così vengono chiamate quelle persone che commentano attraverso i social media non per reale interesse ma solo per suscitare una reazione da parte del proprietario della pagina). Molto semplicemente ho pubblicato questi commenti negativi e provocatori sulle mie pagine social chiedendo alle persone che cosa ne pensavano e rimandandole al luogo in cui questi commenti erano stati inseriti, nel mio caso all'interno di YouTube.

La community di ascoltatori si è sentita chiamata in causa e tutti coloro che avevano apprezzato quell'episodio e più in generale tutto il podcast sono andate su YouTube e hanno commentato direttamente sotto alla critica del troll. In questo caso una molteplicità di persone ha risposto in maniera sincera ed è diventata protagonista della conversazione e così il troll si è trovato impossibilitato a rispondere.

Ecco perché portare le risonanze che i tuoi contenuti hanno direttamente sui social media può essere un ottima idea per coinvolgere le persone che ti seguono.

Testimonial

Un ultimo contenuto da pubblicare sui social media è quello che si può chiamare "testimonial" cioè tutte le attestazioni di apprezzamento per i contenuti del podcast e di stima nei tuoi confronti.

Potrebbero essere, per esempio, le valutazioni e recensioni che ricevi all'interno di iTunes, la citazione da parte di un giornale o di un altro blog, il messaggio ricevuto in privato da un ascoltatore che ti racconta in che modo il tuo podcast ha fatto per lui la differenza o una referenza ricevuta sul tuo profilo Linkedin.

È bene mettere in evidenza tutte queste attestazioni di stima portandole, così come ti ho detto a proposito delle risonanze, sui social media e ringraziando le persone che le hanno fatte perché contribuiscono alla crescita e allo sviluppo del podcast.

In questo modo potrai ottenere due cose:

- **far vedere anche ad altre persone cosa dicono di te** gli ascoltatori, rafforzando così l'immagine positiva del tuo brand davanti ai tuoi stessi follower;

- **consentire ai tuoi follower** di chiedersi che cosa ne pensano del podcast in modo che, facendosi questa domanda, possano tirar fuori loro stessi pensieri positivi rispetto al tuo podcast e magari far venire loro il desiderio di condividere questi pensieri.

La mia esperienza mi porta a dirti che più condivido recensioni ricevute, anche leggendole direttamente all'interno del mio podcast, più ricevo recensioni.

Inoltre le persone che mi sentono leggere queste recensioni si sentono incoraggiate a farne anch'esse perché una delle principali leve del comportamento è l'imitazione per cui altri imiteranno coloro che ti hanno lasciato commenti e feedback positivi.

Ci tengo a chiarire una cosa: di tutti questi tipi di contenuti che ti ho suggerito di pubblicare sui social media il mio consiglio non è di sceglierne uno solo ma di impiegarli tutti e sperimentarne sempre di nuovi.

L'ideale per i social media è una dieta mista dove siano presenti vari formati di contenuti, vari temi e che questi temi siano incastrabili tra di loro all'interno di un unica strategia di comunicazione.

Link tracciati e redirect

Una cosa che secondo me è molto importante per quanto riguarda le attività di marketing sui social media è la possibilità di misurarne i risultati.

Ci sono molte persone che già utilizzano il podcast come strumento di marketing e che iniziano a comunicare sui social media con l'intenzione di fare marketing del proprio podcast, perdendo di vista l'obiettivo finale cioè quello di rafforzare l'autorevolezza del brand che sta dietro all'iniziativa del podcast.

Queste persone diventano dei fanatici dei social media, si focalizzano sulle metriche, ovvero gli indicatori che gli stessi social media gli propongono, pensando che il successo su quelle metriche corrisponda al raggiungimento dei loro obiettivi, ma non è così.

Il tipico esempio di queste metriche, dette anche vanity metrics cioè indicatori di vanità, è il numero dei like su una pagina Facebook che non è la quantificazione del successo di una pagina ma solo qualcosa che molti utilizzano per vantarsi delle loro strategie social al bar con gli amici.

Sai che cosa è invece importante imparare a fare? Bisogna imparare a misurare e prima di tutto a stabilire i cosiddetti KPI (Key Performance Indicators) cioè gli indicatori chiave di performance, ovvero le nostre metriche interne e autonome che aiutano a stabilire se stiamo facendo bene o male.

Siccome esistono tante metriche diverse è importante anche ordinarle in modo da considerarle tutte nel giusto rapporto l'una con l'altra.

Ti consiglio di creare un foglio di calcolo sul quale raccoglierle cominciando a mettere nella parte più a sinistra le metriche interne più leggere (cioè quelle che richiedono meno coinvolgimento da parte del pubblico) e procedere via via inserendo quelle più pesanti. Potresti per esempio cominciare così:

- quante persone seguono la tua pagina Facebook o il tuo account Twitter;

- quante persone sono in contatto con te attraverso LinkedIn;

- quanti episodi hai pubblicato.

Poi potresti proseguire con le metriche di visualizzazione come per esempio il numero delle persone che sono entrate in contatto con i tuoi contenuti e, se hai un blog, misurare proprio quante visualizzazioni ha avuto. A questo punto potrai inserire le metriche di interesse cioè le piccole reazioni delle persone come per esempio i mi piace su Facebook fino ad arrivare alle metriche di engagement cioè di coinvolgimento, per esempio:

- quante persone hanno lasciato un commento;

- quante persone hanno lasciato una valutazione o recensione sul podcast;

- quanti messaggi personali hai ricevuto;

- quante persone ti hanno chiesto la connessione su LinkedIn.

Quello che ti ho appena fatto è solo un esempio per farti capire come funzionano le cose ma è bene sapere che non esistono delle metriche univoche. Toccherà a te anche in base alla tua esperienza personale pensarle, ordinarle e magari concludere il tuo schema con delle metriche di conversione, cioè quanti guadagni scaturiscono da queste attività (se per esempio sei autore di libri potresti segnare quanti libri hai venduto oppure se sei un consulente quante consulenze sei riuscito a offrire). Di questo però ti parlerò nel dettaglio nel prossimo capitolo a proposito della monetizzazione.

Le metriche sono importanti sia per la dimensione (cioè per capire in termini numerici che tipo di riscontro hai) sia per la relazione (cioè per vedere a quale azione corrisponde una reazione). É a questo che mi riferisco quando parlando delle metriche uso il termine "studiare". Anche riportare semplicemente i numeri all'interno del tuo schema è un'attività di studio che ti può aiutare a capire le relazioni tra questi e le azioni corrispondenti.

Se ti stai chiedendo come si fa a capire quante persone hanno effettivamente ascoltato il tuo episodio, hanno cliccato sul pulsante per lasciare una recensione, hanno visitato una pagina di un software che tu hai consigliato e così via e ti sembra complicato, non preoccuparti. Ti viene in aiuto la tecnolgia dei redirect e dei link tracciati.

I link tracciati ti consentono nel momento in cui devi mandare una persona su un qualsiasi indirizzo web (una pagina, l'episodio di un podcast, la pagina di uno sponsor e così via) di mascherarlo cioè di inserire questo indirizzo all'interno di un altro indirizzo web.

Se sceglierai di utilizzare la tecnologia dei link tracciati avrai principalmente due vantaggi.

Il primo è che potrai semplificare i link e quindi riuscire a pronunciarli meglio durante il podcast. Questo ti sarà molto utile dal momento che il più delle volte i link sono lunghi, complessi e con caratteri difficili da pronunciare.

Il secondo vantaggio sta nel fatto che potrai vedere quante persone cliccano su quel link e quando lo fanno grazie agli strumenti di analisi e questo puoi farlo in due modi diversi che ora ti spiego.

Se non hai un sito web puoi usare uno dei servizi chiamati *url shortener* cioè "accorciatori di indirizzi web".

Particolarmente noto è Bitly che consente di accorciare qualsiasi indirizzo web, di misurare quante persone ci fanno clic sopra e di avere anche altre informazioni importanti.

Potrai per esempio sapere da quale dispositivo (smartphone o desktop) hanno fatto clic le persone, l'area geografica di provenienza oppure per quanto tempo persiste la loro attenzione sul tuo episodio.

In quest'ultimo caso in particolare potrai monitorare fino a quando viene cliccato il link che hai proposto all'interno di un determinato episodio. Potrai in pratica sapere se è qualcosa che avviene solo il giorno della pubblicazione oppure nelle 24 o 48 ore successive o se invece è qualcosa di persistente cioè avviene dal giorno della pubblicazione (magari con un picco) e poi prosegue con un traffico e un'attenzione costante.

Un altro servizio anche se meno utilizzato di Bitly è JotURL.

Diciamo che JotURL potrebbe essere consigliabile da questo punto di vista. La tecnologia dei link tracciati come ben potrai immaginare si presta anche a degli abusi nel senso che per esempio potrebbe venir mascherato l'indirizzo di una pagina che contiene un virus. Per questo molte volte le società che gestiscono i servizi di posta elettronica filtrano gli indirizzi e Bitly è uno di quei servizi che vengono facilmente filtrati. Per tale motivo e dal momento che JotURL fa le stesse di Bitly potresti considerarlo come una buona alternativa.

Se invece possiedi un dominio sul quale hai un sito web e ti interessa anche affermarne la riconoscibilità e magari utilizzi WordPress per la gestione delle pagine del tuo blog, esiste un plugin che si chiama Redirection e che fa proprio al caso tuo.

Redirection utilizza l'istruzione chiamata redirect 301 che è stata creata per lo spostamento delle pagine da un indirizzo ad un altro.

Questa istruzione viene fornita dal server che ospita le tue pagine web. Quando una persona cerca la pagina "pinco pallino" il tuo server gli dice che la pagina "pinco pallino" esiste ma si trova da un altra parte e quindi ridireziona la visita dell'utente su un altro indirizzo.

La tecnologia del redirect 301 può consentirti di creare dei link facilmente pronunciabili e ricordabili, soprattutto se la parte di brand della url rimane sempre la stessa come per esempio www.ilmiosito.it/recensioni . Questo link rimanda ad uno più complesso, magari su iTunes, dove è possibile lasciare la recensione.

Lo puoi vedere applicato al mio podcast con due diversi contenuti:

- https://youmediaweb.com/recensioni che ti rimanderà al video tutorial su YouTube che spiega come lasciare una recensione sul mio podcast;

- https://youmediaweb.com/finanzia che ti rimanderà al sito web attraverso il quale è possibile partecipare all'iniziativa di crowdfunding e quindi al finanziamento del mio podcast attraverso una donazione ricorrente.

Pensa dunque a quanto può essere utile questa tecnologia che, come ti ho già detto, permette anche di quantificare quante persone hanno aperto il link tracciato, nel momento in cui devi raccogliere le tue metriche all'interno del tuo foglio di calcolo per studiarle.

Ciò ti consentirà da un lato di tenere un diario storico delle tue performance e dall'altro di valutare l'opportunità degli interventi. Voglio dire che ti sarà semplice comprendere per esempio che nel mese in cui hai lavorato tantissimo su

Facebook, anche se a te è sembrato che la metrica delle visualizzazioni su questo social media sia cresciuta, in realtà non ha avuto alcun riscontro poiché nessuna altra metrica è stata toccata da quella crescita di visualizzazioni. Questo vuol dire che il risultato è stato solamente una performance interna al social media che non ha avuto riscontro sul tuo obiettivo ultimo che, come dicevamo all'inizio, è portare il tuo podcast alle persone in carne ed ossa.

Valutazioni e recensioni

Un altro strumento molto importante per la promozione del podcast sono le valutazioni e le recensioni su iTunes.

Però tieni sempre ben presente che la promozione del podcast non è una cosa che si fa una volta e basta. È un lavoro continuo e costante necessario per mantenere alta l'attenzione e il coinvolgimento nei confronti del tuo podcast, che ti permetterà così di valorizzare al massimo il tuo investimento nella creazione dei contenuti.

Nello svolgimento di questo lavoro può aiutarti molto proprio il canale di promozione delle valutazioni e recensioni di iTunes.

iTunes come ti ho già detto quando ho parlato delle piattaforme di distribuzione, è un microcosmo all'interno del quale ci sono tantissimi podcast e che molti ascoltatori di podcast frequentano.

Come si fa ad essere presenti nella classifica di iTunes ma soprattutto a convincere le persone a iscriversi al podcast o quanto meno ad ascoltare un episodio?

Uno degli elementi fondamentali per la loro convinzione sono proprio le valutazioni e recensioni già lasciate da altri utenti.

iTunes ti da la possibilità di valutare un podcast utilizzando 5 stellette con le quali puoi esprimere il tuo grado di preferenza. Nel momento in cui raggiungerai un numero elevato di valutazioni (io per esempio ne ho più di 200) con una media di 5 stellette allora potrai sicuramente dire che il tuo podcast è valutato in maniera positiva da parte degli ascoltatori.

Le recensioni sono invece delle valutazioni più analitiche attraverso le quali le persone possono scrivere quello che realmente pensano del podcast e raccontare i motivi del loro apprezzamento.

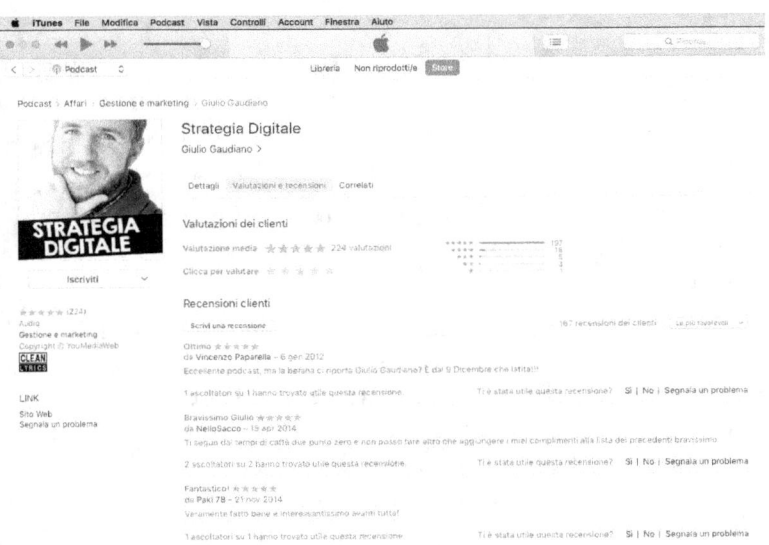

Avere delle recensioni è importante per te perché ti permette di capire cosa piace di più alle persone che ti ascoltano ma anche ai fini della classifica di iTunes in quanto uno dei fattori che contribuisce al posizionamento nella classifica stessa sono proprio le valutazioni e recensioni degli ascoltatori. È importante però anche per gli ascoltatori stessi che si rendono conto di far parte di una community di persone che ascoltano il podcast e che, attraverso la lettura delle recensioni lasciate da altri utenti, si rendono conto di condividere dei sentimenti comuni di apprezzamento.

A questo punto voglio spiegarti come fare per farsi lasciare le recensioni dagli ascoltatori. Non preoccuparti, non è difficile.

1. La prima cosa da fare è chiederle. Ebbene sì, devi chiedere alle persone che ti ascoltano di lasciare una valutazione o una recensione spiegando per quale motivo è importante per te riceverle e i vantaggi che ne possono derivare sia per te che per chi le lascia.

Ricordati che chiedere è la chiave. Chi non chiede non ottiene.

Io potrei mostrarti i numeri riportati sul mio foglio dei Key Performance Indicators che mostrano una diretta connessione tra l'attività di richiesta delle recensioni all'interno dei podcast e i numeri delle recensioni ottenute.

2. La seconda cosa importante è agevolare le persone e quindi far capire loro quali sono le azioni da compiere per lasciare le valutazioni e le recensioni.

Se sei un ascoltatore del mio podcast "Strategia Digitale" sai che durante ogni episodio spiego alle persone come si fa. In particolare chiedo loro di andare su iTunes, cercare nella buchetta di ricerca in alto a destra "Strategia Digitale", aprire la pagina del podcast e fare clic sulla tab "Valutazioni e recensioni" per esprimere il proprio apprezzamento sul podcast.

In realtà poi ho anche messo a disposizione dei miei ascoltatori un tutorial che mostra come si fa sia da smartphone che da computer. Questo video tutorial è stato realizzato da un mio ascoltatore che, sentendomi sempre ripetere la richiesta di recensioni e avendo avuto lui stesso delle difficoltà, ha pensato bene di mostrare come si fa ed io ho utilizzato questo stesso video per agevolare le persone.

3. Una leva che potresti utilizzare per spingere le persone a lasciare una recensione sul tuo podcast è fissare un obiettivo al raggiungimento del quale accade qualcosa.

Personalmente ho utilizzato questa strategia quando ho promesso ai miei ascoltatori che, al raggiungimento delle 100 recensioni su iTunes, avrei trasformato il podcast da trisettimanale in giornaliero. In questo modo tutti coloro che lo ascoltavano sapevano che se avessero voluto avere più contenuti avrebbero potuto loro stessi fare qualche cosa per ottenerli lasciando una recensione e così in poco tempo sono arrivato alle 100 recensioni.

Un altro sistema che io personalmente non ho ancora utilizzato, a differenza di altri miei colleghi, è quello dei premi individuali.

Potrai sentire alcuni podcaster chiedere di lasciare una recensione, fare uno screenshot della stessa e inviargliela per ottenere qualcosa in cambio, per esempio un ebook o un contenuto speciale o un pdf e così via.

A me personalmente questa pratica non piace molto perché è una sorta di acquisto della recensione, se al premio sostituissimo del denaro otterremmo la stessa cosa. Per me chi lascia una recensione viene allo scoperto con il suo interesse per il podcast, si espone in prima persona e non lo fa per se stesso ma perché in un certo senso vuole realmente bene al podcast.

Il fatto che io abbia promesso ai miei ascoltatori un incremento dei contenuti al raggiungimento delle 100 recensioni è conforme a questa visione nel senso che io non l'ho fatto per me stesso ma per dare ancora di più agli ascoltatori. Se così non fosse verrebbe meno la dinamica che sta alla base delle recensioni cioè far sì che queste siano sincere e non lasciate per interesse.

In ogni caso quella dei premi individuali è una pratica molto utilizzata per cui mi sono sentito comunque di doverne parlare.

Una volta che avrai iniziato ad ottenere delle recensioni su iTunes potrai leggerle come referenze per il tuo podcast e convincere altri ascoltatori a fare lo stesso.

Io personalmente leggo tutte le recensioni che ricevo, in particolare ne leggo una a episodio, ringraziando la persona che l'ha lasciata e invitando le altre a fare lo stesso.

Questo sistema stimola un meccanismo di imitazione che può avere dei riscontri molto positivi sul ricevimento di nuove recensioni.

In ogni caso però, anche se le recensioni ricevute non dovessero portarne di nuove avrai comunque un vantaggio. Far sì che le persone possano leggere o ascoltare durante l'episodio buone valutazioni sul tuo conto e soprattutto sul podcast rafforza il tuo brand e se stai cercando di costruire proprio attraverso il podcast il tuo personal brand, stai comunque perseguendo il tuo obiettivo ultimo.

Ti accorgerai col tempo che molte delle recensioni che riceverai faranno riferimento alla tua personalità. Pensa a quando le persone scriveranno sulla tua pagina Facebook, sul tuo account Twitter o magari su LinkedIn che sei simpatico, bravo o professionale. Se hai un sito web potrai dunque utilizzare queste recensioni come testimonial (quindi come frasi dette su di te) all'interno per esempio della pagina "chi sono". Così potrai mostrare l'apprezzamento di altri sul tuo conto qualora qualcuno sia interessato a capire chi sei e cosa fai.

Dall'ascolto alle relazioni

Ora che hai creato il tuo podcast, lo hai portato sul Web e reso accessibile alle persone che lo vogliono ascoltare, hai cominciato a promuoverlo e magari hai ricevuto anche qualche recensione positiva non devi pensare che il tuo compito sia finito qui in quanto, come ti ho già detto, il podcast non è fine a se stesso.

Se stai leggendo questo libro probabilmente hai capito che il podcast è uno strumento di marketing, di branding e anche di business. Ma come si può fare business con il podcast?

Ti serve qualcosa che porti le persone dall'ascolto e dall'apprezzamento per i contenuti che pubblichi verso una relazione con te.

Tieni presente che questa relazione non è per forza e subito una relazione commerciale. Non immagini quante volte ho ricevuto richieste di consulenze da parte di persone che hanno ascoltato il mio podcast per due anni o che più volte mi hanno inviato messaggi o domande prima di decidersi a chiedermi la consulenza.

Come si fa dunque a portare i tuoi ascoltatori ad una relazione più stretta e diretta con te? C'è uno strumento che ti aiuta a farlo ed è l'email, impiegando una mailing list.

Io personalmente utilizzo come mezzo per curare questa relazione anche la comunicazione attraverso instant messenger ma per cominciare ti consiglio sicuramente l'email.

Vuoi sapere quale sarà la tua strategia? Si tratta di avere la possibilità di creare una singola email e attraverso un software di gestione della mailing list, inviarla anche in forma personalizzata a tutti i tuoi ascoltatori. È in questo senso che l'email è un canale diretto di comunicazione da uno a molti. Attraverso queste email potrai per esempio offrire:

- contenuti speciali;

- l'acquisto dei tuoi prodotti o servizi;

- l'acquisto dei tuoi libri o dei tuoi corsi;

- la partecipazione ai tuoi eventi.

Inoltre potresti anche inviare gli episodi del tuo podcast. In questo modo hai un'occasione in più di portare all'attenzione di chi ti segue l'episodio che hai pubblicato e anche di offrire delle informazioni complementari, come per esempio i link del tool o del software che hai consigliato durante il podcast. Un'email di questo tipo che arricchisce i contenuti del podcast e, oltre a segnalarli nuovamente, li completa potrà esserti senz'altro molto utile.

Il software che ti consiglio per mettere in atto questa strategia è MailChimp.

Ne esistono altri come per esempio AWeber o GetResponse ma nel fare consulenze ai clienti ho osservato che MailChimp offre un buon compromesso tra usabilità da parte di utenti non esperti e funzionalità negli strumenti che offre agli utenti stessi.

MailChimp ti offre un piano di base gratuito e questo ti può essere molto utile per prendere la mano con l'utilizzo di questo software per poi passare ad azioni più complesse.

L'idea di base è che tu possa offrire agli ascoltatori del tuo podcast un contenuto speciale.

Lo potrai proporre in ogni puntata, purché sia sempre lo stesso, in cambio della loro email.

L'importante è che sia un contenuto ad alto valore aggiunto, in grado di fare la differenza e magari anche un complemento rispetto a quello che comunichi e alle informazioni che dai solitamente attraverso il tuo podcast.

Potrà trattarsi per esempio di una puntata speciale o segreta del tuo podcast che ti risulterà anche semplice da realizzare. Voglio dire che se sei costante nella pubblicazione dei tuoi episodi una puntata in più non farà certo la differenza però potrà essere l'esca sull'amo per portare l'interesse di chi ti ascolta a lasciarti la sua email per riceverla.

I colleghi Alessio Beltrami e Francesco Bersani del podcast "Marketing Semplice" la chiamano "puntata segreta". In particolare loro dicono che hanno realizzato questa puntata segreta che non è mai stata pubblicata, che contiene dei materiali che hanno preferito non divulgare per la loro efficacia dal punto di vista del marketing (naturalmente lo fanno con molta ironia) e mandano gli ascoltatori su una pagina web nella quale basta inserire il proprio di indirizzo di posta elettronica per riceverla e poterla quindi scaricare.

Di nuovo la collega Marzia Tomasin che nel suo podcast "Periscritto" parla dell'utilizzo del libro come strumento di marketing e personal branding, ha creato un episodio in cui parla dei segreti degli scrittori, cioè dei motivi razionali e provati per cui vale la pena di scrivere un libro, nelle parole delle stesse persone che lei ha intervistato. Questa puntata speciale che aggrega quindi tante interviste diverse viene da lei offerta a fronte dell'iscrizione a una mailing list .

Questa strategia dunque ti consente di dare a chi segue il tuo podcast un contenuto di maggior valore e ha qualcosa in più rispetto a quello che gli dai di solito ma anche di stabilire con loro una relazione che può andare avanti nel tempo e che nel tempo ti permette di proporgli i tuoi prodotti o servizi.

Non approfondirò ora cosa succede dopo la raccolta di queste email perché questo ha a che fare con l'email marketing e con la vendita. L'importante è che tu sappia che la strategia in virtù della quale gli ascoltatori del tuo podcast entrano dentro ad un meccanismo che li porta poi a diventare tuoi follower più da vicino o addirittura tuoi clienti passa il più delle volte attraverso la costruzione di una mailing list.

Alcuni consigli però voglio darteli lo stesso:

- ricordati che l'importante non è avere una mailing list molto lunga ma avere una lista pulita e reattiva. È meglio avere poche persone nella lista ma che sono molto coinvolte, che aprono le email e le leggono, rispetto ad avere tante persone ma passive e disinteressate;

- per avere una lista pulita fai in modo che sia facile per le persone cancellare l'iscrizione. MailChimp ti offre questa possibilità attraverso un link da inserire all'interno delle email destinate agli iscritti proprio a questo scopo;

- abituati a verificare, per esempio dalle statistiche di MailChimp, quante email sono state inviate, quante sono state ricevute, quante vengono aperte ma soprattutto controlla le persone che non hanno aperto le ultime 3, 5 o 10 email e levale tu manualmente dalla lista.

Qui terminiamo il nostro viaggio nella scoperta degli strumenti di marketing che possono aiutarti nella gestione e nella promozione del tuo podcast.

Ora è arrivato il momento di scoprire come monetizzare il podcast cioè come puoi trasformare una iniziativa promozionale in una iniziativa profittevole.

MONETIZZA E FINANZIATI

Ti sei mai chiesto se si può guadagnare da un podcast? La risposta è: sicuramente sì.

In questo capitolo ti parlerò dei diversi modelli di monetizzazione che potrai utilizzare per il tuo podcast e che sono quelli impiegati dai tanti podcaster che ho intervistato. La garanzia del funzionamento di questi modelli sta dunque proprio nel fatto che qualcuno li sta già adoperando con profitto.

Questi modelli di monetizzazione si possono raggruppare all'interno di due di ROI (*return on investment*) che sono:

1. **Il canale diretto** che comprende tutti gli strumenti di monetizzazione che ti permettono di ricavare un guadagno direttamente dall'attività del tuo podcast.

2. **Il canale indiretto** che si riferisce a una certa modalità di utilizzo del podcast. Attraverso il podcast fai del marketing e del personal branding cioè costruisci un'autorevolezza e una visibilità che aumentano il valore commerciale dei tuoi prodotti e del tuo brand e da questo potrai ricavare un guadagno.

Cominciamo parlando dei mezzi di monetizzazione indiretti.

Visibilità e autorevolezza

Come ti ho appena detto, il podcast viene utilizzato per fare marketing, in particolare un marketing che costruisce l'autorevolezza di un brand o di una persona.

È importante precisare subito che, per quanto riguarda la comunicazione fatta attraverso un podcast, tutti i brand, anche quelli impersonali, si appoggiano a un personal brand. Ci sono cioè dei podcast che sono realizzati dai fondatori e/o amministratori delegati di società che però non promuovono il brand della società che rappresentano ma che si espongono loro stessi in prima persona.

Con questo ti voglio dire che il vantaggio in termini di marketing derivante dalla pubblicazione del podcast passa attraverso il rapporto d'affezione che si crea col brand personale rappresentato dal conduttore (o dai conduttori) del podcast. É proprio attraverso questo rapporto di fiducia, di interesse e di familiarità che si crea con quel brand personale che poi si possono vendere anche i prodotti o servizi di una società.

Pensa per esempio al podcast "AskGaryVee" di Gary Vaynerchuk ricavato dai video da lui pubblicati su YouTube in cui risponde alle domande sull'imprenditoria, i social media e le start up di persone che vogliono addentrarsi nel mondo del marketing o del business online. In questo podcast lui si espone personalmente ma alle sue spalle c'è la VaynerMedia, una grande agenzia di inbound e content marketing americana, e anche tutti i prodotti (libri, ebook, audiolibri e corsi) che lo stesso Gary Vaynerchuk vende.

Per quanto mi riguarda posso dirti che a un certo punto ho cominciato a ricevere delle telefonate da parte di potenziali clienti interessati ai miei servizi di consulenza, ai miei corsi o ai miei libri e queste persone erano emozionate per il fatto di poter parlare con me!

Questo succede proprio in virtù della relazione che si crea con gli ascoltatori attraverso il podcast e l'ascolto della voce del podcaster, e può diventare realmente un'opportunità nel momento in cui poi si vogliono vendere dei prodotti o servizi.

Aumentando l'autorevolezza potrai sicuramente vendere più prodotti o servizi ma soprattutto venderli a un prezzo maggiore. Nella mia esperienza personale posso dirti che, da quando ho iniziato a fare podcasting a oggi, la crescente autorevolezza guadagnata attraverso il mio podcast mi ha portato ad aumentare del 400% il prezzo orario delle mie consulenze.

Di fatto io sono sempre lo stesso mentre è cambiata la percezione del mio valore da parte delle persone che mi chiedono la consulenza. Queste persone, dopo oltre 800 puntate di "Strategia Digitale", sanno che con la mia consulenza accedono non solo al mio know how ma anche a quello di tutti coloro che ho intervistato e a delle informazioni, consigli e notizie che sono sempre aggiornate. Sanno di rapportarsi dunque con qualcuno che è documentato e che ascoltano tutti i giorni mentre conosce nuove persone e racconta storie di altri imprenditori che hanno già tratto beneficio da una solida strategia digitale.

Il contenuto diventa così una garanzia di qualità e l'aumento della percezione della qualità stessa ti fa aumentare il valore del servizio che stai vendendo.

Ma quali sono i prodotti o servizi che puoi vendere? Se stiamo parlando di un brand personale i servizi possono essere per esempio di consulenza, di coaching o prestazioni libero professionali di qualsiasi tipo quindi non legate solo al mondo del digital.

Per esempio Gennaro Romagnoli, l'autore del podcast "Psicologia e Crescita Personale", è uno psicologo, Marzia Tomasin, autrice del podcast "Periscritto", è una ghostwriter, Max Formisano, autore di "La Grande Idea", è un coach motivazionale, Alessandro Bari, autore di "Elettricista Felice", è appunto un elettricista .

Per quanto riguarda invece i prodotti che si possono vendere, se sei come me un autore di libri potrai coltivare attraverso il podcast un'audience di persone che poi saranno interessate ad acquistarli. Se invece sei uno sviluppatore potrai vendere la tua applicazione così come fanno per esempio Franco Solerio e Marco Arment entrambi creatori di un podcast reader (Franco Solerio è il creatore di Castamatic mentre Marco Arment di Overcast).

Tra i prodotti possono poi esserci anche corsi, videocorsi online o infoprodotti come nel caso del podcast "MoneySurfers" dove Davide Francesco Sada e Enrico Garzotto vendono l'accesso a una piattaforma di e-learning sui temi del trading e degli investimenti finanziari.

Tra i prodotti editoriali vendibili, oltre ai libri e agli ebook, secondo me sono particolarmente interessanti gli audiolibri perché sono un contenuto di tipo editoriale ma funzionano secondo la stessa modalità del podcast.

Diciamo che il libro sta all'audiolibro come l'articolo del blog sta al podcast e quindi molto probabilmente le persone che apprezzano il podcast, soprattutto per la facilità e la velocità di fruizione, sono persone che possono apprezzare anche gli audiolibri.

Gli audiolibri possono essere di carattere tecnico (saggi o manuali) ma anche di intrattenimento. Posso citare per esempio un mio libro che s'intitola "YouTube per il business: Fare marketing e guadagnare con i video online" oppure i libri che ha pubblicato il podcaster Alessio Beltrami: "Come vendere con il blog aziendale" e "Sfrutta i contenuti, genera nuovi clienti e fai content marketing".

Se ti interessa il tema degli audiolibri posso dirti che ho provato a creare il mio primo audiolibro grazie al consiglio del mio editore Area 51 Publishing e ne sono stato decisamente soddisfatto. Tutto è cominciato dalla registrazione in studio della lettura integrale del libro. Il fonico dell'editore ha fatto un eccellente lavoro di montaggio e sonorizzazione, per distinguere i capitoli o mettere in risalto determinati contenuti. Poche settimane dopo ho visto

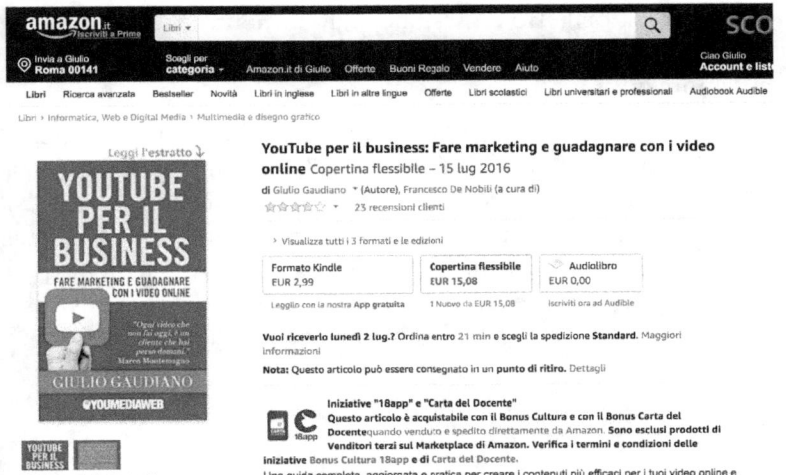

apparire il formato audiolibro accanto agli altri formati presenti su Amazon.

La cosa veramente interessante è stata che poco tempo dopo mi hanno cominciato a scrivere alcuni ascoltatori che mi raccontavano di aver scoperto il podcast grazie all'ascolto dell'audiolibro su Audible, il servizio in abbonamento di Amazon per l'ascolto di audiolibri.

Un altro metodo di monetizzazione indiretta è quello di organizzare degli eventi, cioè dei raduni degli ascoltatori del podcast su un singolo tema o per fare social networking, a fronte del pagamento di una quota di partecipazione.

In pratica tu attraverso il podcast costruisci la community e poi raduni questa community di persone in un luogo reale. Questa esperienza d'incontro reale ha due vantaggi.

Da un lato è un acceleratore dell'engagement degli ascoltatori nei tuoi confronti perché le persone ti vedono, ti conoscono e si trovano di fronte alla persona che ascoltano tutti i giorni attraverso il podcast.

Dall'altro lato ha un valore aggiunto per gli ascoltatori stessi che possono incontrarsi tra di loro, conoscersi, scambiarsi il biglietto da visita e, dal momento che hanno tutti lo stesso frameset, possono nascere anche delle collaborazioni.

Questo è ciò che ha fatto per esempio Samuele Onelia, creatore del podcast "Italian Indie", che ha organizzato a Milano sia dei corsi che dei raduni molto informali ai quali si poteva partecipare pagando un biglietto. In questo modo lui ha dato la possibilità di incontrarsi a tutti gli ascoltatori di questo podcast e che sono persone che condividono lo stesso approccio alla creazione di un business o alla conduzione di una start up.

Sponsor

Passiamo ora alla descrizione di quelli che sono i mezzi di monetizzazione diretta che permettono di ricavare un guadagno direttamente dal podcasting. Il primo e anche il più classico tra questi, è lo sponsor o la pubblicità.

Lo utilizzano molti podcaster italiani come per esempio Samuele Onelia del podcast "Italian Indie", Franco Solerio del podcast "Digitalia" e anche "Strategia Digitale" ha avuto nel tempo diversi sponsor.

Molto semplicemente potrà essere direttamente lo sponsor a contattarti offrendoti una sponsorizzazione oppure potresti essere tu a contattarlo. In quest'ultimo caso gli chiederai una sponsorizzazione, motivata dal fatto che ritieni di avere un pubblico di persone potenzialmente interessate ai suoi prodotti o servizi, a fronte della visibilità che tu stesso darai a questi prodotti o servizi attraverso il tuo podcast.

A sostegno di questa proposta dovrai produrre dei dati statistici sulla demografia del tuo pubblico quindi sull'età, sul sesso, sulla provenienza geografica ma dovrai anche specificare gli argomenti trattati nel podcast. Mostrando un report numerico che darà l'idea delle dimensioni del tuo pubblico, potrai arrivare ad un accordo con una società che ti pagherà perché tu possa parlare dei suoi prodotti.

Esistono varie formule attraverso le quali potrai parlare del tuo sponsor e queste sono: lo spot, la citazione (breve o lunga) e il pubbliredazionale. Vediamo insieme che differenza c'è tra queste formule.

- **Lo spot è di fatto una interruzione pubblicitaria** all'interno del podcast che può essere annunciata dal podcaster dicendo per esempio "Scopriamo chi è il nostro sponsor" oppure "Ascoltiamo la pubblicità del nostro sponsor". Solitamente c'è un suono separatore, una base musicale differente rispetto a quella del podcast e poi la voce (che può essere quella del podcaster o di un altro speaker professionista) che fa lo spot pubblicitario. Una volta terminato lo spot ci sarà un altro suono separatore e ricomincerà l'audio vero e proprio della puntata. La pubblicità in questa formula può essere più o meno creativa cioè si possono ricreare delle scenette con dei dialoghi divertenti oppure spiegare semplicemente le caratteristiche del prodotto oggetto della sponsorizzazione, dicendo a cosa serve e motivando le persone all'acquisto. Quindi è proprio l'analogo dello spot televisivo che interrompe il film che stai guardando alla televisione.

- **La citazione è un accenno** che fa il podcaster rispetto al fatto che è stato sponsorizzato da una società. La citazione può essere breve o lunga. Se parliamo di una citazione breve questa avrà una durata di circa dieci secondi durante i quali si dirà il nome del brand, che questo brand ha sponsorizzato la puntata e anche che cosa fa. Un esempio classico di citazione breve potrebbe essere questo: "Vi ricordo che la nostra puntata di oggi è sponsorizzata dall'azienda Pinco Pallino che è il miglior produttore di sistemi per fare quello di cui avete bisogno. Se volete scoprire di più su questa azienda visitate il sito www.pincopallino.it". La citazione lunga invece avrà una durata superiore ai trenta secondi durante i quali oltre a dire qual'è il brand, che cosa fa e che questo brand ha sponsorizzato la puntata, c'è spazio anche per un piccolo storytelling e cioè per raccontare, per esempio, come mai questo brand ha sponsorizzato il podcast o la storia di un utente che ha utilizzato i suoi prodotti e ne è rimasto particolarmente soddisfatto. In questo caso diciamo che si da più spazio in termini di tempo allo stesso formato di produzione, in cui il podcaster con la sua voce raccomanderà un prodotto e farà suo il brand consigliandolo agli ascoltatori.

- **Il pubbliredazionale** è una formula di sponsorizzazione che può consistere in una intera puntata con un intervista al titolare dell'azienda, al suo responsabile marketing o a un testimonial cioè a una persona che ha utilizzato i prodotti o servizi dell'azienda e che racconta la sua esperienza. Può essere anche una puntata su un argomento che è correlato a un prodotto dell'azienda cioè si può parlare, per esempio, di un case study sull'utilizzo di un prodotto promuovendolo al tempo stesso. Se il tuo sponsor si chiama per esempio SuperGoogle e si occupa di posizionamento sui motori di ricerca, il titolo della puntata del podcast potrebbe essere "Come uscire primo su Google grazie a Super-Google" e tu spiegherai come può essere utilizzato questo software, come funziona e qual'è la strategia che permette di ottenere risultati interessanti per le persone che ti stanno ascoltando.

Ti ho parlato di queste formule pubblicitarie in ordine di efficacia crescente sulla base della mia esperienza e sensibilità.

Mi sento di aggiungere che lo spot è di fatto il formato più controllabile dal brand. Intendo dire che da un lato le società vogliono poter controllare totalmente quello che viene detto cioè quello che acquistano come promozione pubblicitaria.

Dall'altro lato il podcaster ha il desiderio di essere più libero e di adattare la comunicazione dell'azienda alle abitudini di ascolto de suo pubblico.

Per questo secondo me la massima efficacia dello spot si ha quando l'azienda da carta bianca al podcaster che può ottenere, mettendoci del suo, un miglior allineamento del contenuto promozionale con il contenuto informativo del podcast. Inoltre è una formula facile e veloce da realizzare per il podcaster perché gli basterà inserire la clip, dopo che la società l'avrà approvata, in fase di montaggio del podcast.

Il pubbliredazionale è la formula più incisiva sul pubblico finale ed è quello che secondo me ha i migliori riscontri sia in termini di visibilità che di conversione.

Ci tengo a precisare una cosa: non dimenticare che esiste anche un aspetto etico per cui non puoi trasmettere ai tuoi ascoltatori contenuti pubblicitari senza dirgli che in realtà è una promozione a pagamento. In sostanza non puoi mascherare da contenuto una pubblicità.

Questa non è solo una questione di buona condotta nei confronti dei tuoi ascoltatori ma è anche una consuetudine diffusa nel settore pubblicitario.

Quando ho partecipato ad uno IAB Seminar sul Native Advertising, quindi sulla pubblicità fortemente integrata nel contenuto, ho potuto osservare che tutti gli operatori del settore condividono il concetto comune che la pubblicità e la promozione devono distinguersi dai contenuti.

Per cui anche nel momento in cui farai un pubbliredazionale o una puntata d'approfondimento su di un tema dovrai spiegare chiaramente e in anticipo rispetto al contenuto che quella puntata è stata realizzata con il supporto economico dell'azienda Pinco Pallino. Potrai per esempio dire: "SuperGoogle mi ha chiesto di sviluppare questa puntata e l'ha voluta sponsorizzare a favore degli ascoltatori del mio podcast affinché possiate scoprire come diventare primi sui motori di ricerca".

Voglio darti anche un consiglio importante: non farti sponsorizzare da brand di prodotti e servizi che non godono della tua stima, che non hai provato e dei quali non parleresti volentieri anche senza essere pagato. Altrimenti farai, come si dice in gergo, la "marchetta" cioè del marketing motivato solamente da una leva economica. Farlo solo per i soldi vuol dire in un certo senso approfittarsi dell'attenzione e della passione per l'ascolto degli episodi del podcast dei tuoi ascoltatori per spingerli verso qualcosa in cui noi stessi non crediamo. Per questo te lo sconsiglio vivamente.

Una domanda che mi viene fatta spesso è quanto si può far pagare la pubblicità e la sponsorship di un podcast? Io credo tu debba in qualche modo condividere il beneficio che sei in grado di offrire al tuo sponsor. Mi spiego meglio.

Non puoi chiedere 200 se attraverso la tua promozione il tuo sponsor guadagnerà 100 ma dovrai fare in modo di bilanciare il prezzo della sponsorship con il beneficio che sei realmente in grado di offrirgli. Questo però lo si impara a fare con il tempo e l'esperienza.

Io ad esempio offro delle tariffe più economiche per lo spot o per la citazione breve e invece più impegnative per la citazione lunga e il pubbliredazionale. A quest'ultimo do accesso solo ad alcune delle aziende che me lo chiedono perché devo essere sicuro che il contenuto che l'azienda porta sia realmente molto interessante, diciamo sopra la media, per gli ascoltatori di Strategia Digitale.

Le tariffe dunque sono diverse e variano a seconda della durata e della capacità di coinvolgere non solo il pubblico ma anche te stesso, a seconda di quanto ti legherai al brand e ti esporrai per esso.

Ricordati che è anche importante misurare l'efficacia di una promozione. In ogni caso credo che sia meglio praticare una tariffa più bassa per ogni singolo passaggio nel podcast in modo da portare lo sponsor più volte all'interno delle puntate del podcast e dargli una continuità nel tempo,

152

piuttosto che farsi pagare molto di più per il primo passaggio e poi dover interrompere la collaborazione per mancanza di riscontri.

Ma come si misurano i riscontri di una pubblicità o di una sponsorship? Bé innanzitutto bisogna dire che si possono misurare varie cose diverse.

Il primo livello di misurazione è quello degli ascolti della puntata. Questo in realtà è il dato più leggero e meno rilevante perché questi ascolti sono condizionati dai numeri abituali degli ascoltatori che scaricano e ascoltano tutte le puntate. Inoltre, per quanto riguarda il podcasting che viene scaricato in locale, i numeri sugli ascolti sono relativi. Voglio dire che delle persone potrebbero essere iscritte al tuo podcast, potrebbero scaricare la tua puntata sul loro smartphone registrando così un ascolto nelle tue statistiche del podcast, ma poi non ascoltarla effettivamente per mancanza di tempo o interesse.

Il secondo livello di misurazione sono i clic che seguono alla visualizzazione, proprio come avviene per la pubblicità a banner.

Ora ti starai forse chiedendo, dal momento che le persone non possono cliccare sull'audio, come si possono misurare i clic. Non è difficile poiché ti viene in aiuto la tecnologia dell'indirizzo tracciato di cui ti ho parlato anche nel capitolo precedente.

L'indirizzo tracciato può trovarsi sul sito dello sponsor, in questo caso la url sarà www.nomesponsor.it/nomedelpodcast e questo indirizzo consente di fare un redirect su un altra pagina.

Durante il tuo episodio, quando parlerai dello sponsor, inviterai le persone ad andare sulla pagina www.nomesponsor.it/nomepodcast per scoprire tutte le informazioni sullo sponsor.

Questa tecnica funziona ancor di più se attraverso questa pagina c'è la possibilità di sbloccare un beneficio per l'ascoltatore come per esempio uno sconto speciale.

Per esempio Squarespace, che è una società che vende un servizio di costruzione e pubblicazione di siti web, ha sponsorizzato diversi podcast in Italia tra cui "Digitalia" e "Italian Indie". Funziona in questo modo: durante gli episodi del podcast viene dato agli ascoltatori l'indirizzo di Squarespace seguito dallo slash e dal nome del podcast e viene offerto uno sconto del 5% o 10% sull'abbonamento a Squarespace.

Le persone che andranno su queste pagine avranno il vantaggio di poter beneficiare dello sconto mentre l'inserzionista potrà misurare esattamente le persone che provengono dal podcast.

In realtà c'è da dire che ci sarà sempre una percentuale di persone che sfuggirà alla tracciabilità. Queste persone sono quelle che magari, dopo aver ascoltato il podcast, non si ricordano bene qual'è l'indirizzo nominato dal podcaster e andranno direttamente su Google a digitare il nome delle sponsor. Ricordati quindi di rendere facile la vita ai tuoi ascoltatori e di dare loro degli indirizzi facilmente ricordabili.

Per quanto mi riguarda io faccio esattamente il contrario, utilizzo cioè la formula www.nomedelpodcast.com/nomesponsor. In questo modo sono sicuro che la prima parte del link che è il nome del mio podcast al quale gli ascoltatori sono abituati è facilmente ricordabile mentre il nome del brand del cliente viene subito dopo lo slash. Inoltre ho più controllabilità rispetto alle persone che passano attraverso questo link e questo mi da anche la possibilità di produrre al mio cliente un report coi dati precisi sugli ascolti e sulle visite all'indirizzo che ho dato durante la puntata.

Un altro metodo di misurazione è quello di dare, in virtù della visita della pagina, un codice sconto

Se attraverso il link tracciato dunque potrai misurare solo le persone che hanno fatto clic sull'indirizzo dato durante la puntata, utilizzando il codice sconto potrai anche tracciare le conversioni derivanti dall'ascolto cioè sapere oltre a quante persone hanno visitato quella pagina, anche quante hanno comprato quel prodotto o servizio. In questo modo potrai avere un idea più chiara del beneficio economico prodotto.

Il codice sconto sarà controllabile solo dal tuo cliente il quale creerà questo codice col brand del tuo podcast il quale sarà riconosciuto dal suo sistema di e-commerce. In questo modo il cliente potrà tracciare quante persone hanno effettivamente comprato il servizio e, siccome molto spesso questi servizi sono degli abbonamenti mensili, avrà anche la possibilità di stabilire quante persone lo ricompreranno.

Nella pratica c'è differenza se per esempio tu fai pubblicità sul podcast di Tizio e ottieni 100 ascolti, 50 visite sulla pagina, 10 acquisti e un solo rinnovo dopo il primo mese oppure fai pubblicità sul podcast di Caio e ottieni 50 ascolti, 25 visite sulla pagina, 5 acquisti e tre o quattro rinnovi dopo il primo mese.

Grazie al codice sconto sarai in grado di marchiare l'utente che magari dal suo smartphone si iscrive al podcast, ascolta una puntata e fa anche una ricerca per vedere il tuo sito e memorizzarlo, ma poi acquista il servizio dal computer. In questo caso avrai registrato un singolo ascolto, un doppio clic sulla pagina dal momento che l'utente vi è tornato due volte ma da due dispositivi diversi e l'acquisto del servizio tramite il codice sconto.

Questa tecnica ti permetterà anche di misurare il cosiddetto CLV (customer lifetime value), cioè il valore del cliente nel tempo, che permetterà al tuo sponsor di avere un idea più precisa del valore che sei in grado di portargli attraverso la pubblicità sul tuo podcast.

È anche per questo che alcuni brand, quando chiedono di sponsorizzare un podcast per più puntate, vogliono che queste non siano attaccate l'una all'altra ma distanziate nel tempo in modo da poter giudicare i risultati in un arco di tempo più ampio e magari chiedere al podcaster di fare delle modifiche o degli aggiustamenti per le puntate successive.

Vendita dei contenuti

Un fenomeno al quale stiamo assistendo dopo la crisi della radio tradizionale e la nascita delle web radio è la compravendita dei contenuti come possibilità di monetizzazione diretta del podcast.

Alcune radio locali ma soprattutto web radio, dopo aver scoperto dei podcast di qualità che trattavano argomenti interessanti e affini ai contenuti del loro palinsesto, ne hanno richiesto l'acquisto. Per farti un esempio il podcast di Antonio Granato "Pit Talk" (che è un programma sportivo sulla formula uno) viene distribuito anche su delle web radio e radio locali.

In questo modo la radio spende molto meno, poiché i contenuti sono già pronti, rispetto a quanto spenderebbe invece pagando una persona che li realizzi apposta. Al tempo stesso potrà beneficiare di un alto livello di qualità ma anche della notorietà del podcast per trovare così nuovi ascoltatori.

Questo modello di monetizzazione è particolarmente efficace poiché ti consente di vendere lo stesso contenuto, stipulando dei contratti senza esclusiva, a più radio o web radio. Otterrai così che la radio o la web radio avrà a disposizione un buon contenuto a prezzo basso per riempire il suo palinsesto, mentre tu avrai un guadagno più consistente frutto della relazione con diversi acquirenti.

Per perseguire questa strada però ci deve essere alla base un'alta qualità del podcast, sia dal punto di vista della forma che dei contenuti, nel senso che il podcast deve armonizzarsi bene con gli altri programmi della radio.

Se è questo il canale che ti interessa, ti consiglio prima di tutto di documentarti su quelli che sono i formati e la qualità delle radio alle quali vorresti vendere i tuoi contenuti. Inoltre nella creazione del podcast cerca di pensarlo come un contenuto "white label" cioè un contenuto che non ha un etichetta ben definita nel senso che non è strettamente legato al tuo progetto ma che, anche se tagliato e rimontato, può adattarsi bene a ogni contesto.

Voglio dire che una radio o una web radio non acquisterà il tuo podcast se lo inizierai dicendo, per esempio, "Buongiorno a tutti gli ascoltatori del podcast Pinco Pallino" e poi nel corso dell'episodio farai continui riferimenti ad altre puntate del podcast, alle recensioni lasciate sul podcast o alla sponsorizzazione dello stesso da parte di clienti, perché così confonderesti gli ascoltatori della radio.

Se al contrario relegherai tutte le informazioni che hanno più a che fare con il podcast in sé all'inizio e alla fine dell'episodio, la parte centrale del podcast sarà adatta, sia come durata che come formato, ad essere trasmessa in una radio e quindi brandizzata con un brand diverso che è quello della radio.

Così facendo il tuo contenuto potrà essere venduto, altrimenti sarà difficilmente trasferibile ad un altro contesto.

I contenuti possono essere venduti non solo alle radio o alle web radio ma anche direttamente agli ascoltatori attraverso l'iscrizione a pagamento che è dunque un altro metodo di monetizzazione.

C'è da dire che non è possibile offrire l'iscrizione a pagamento né attraverso iTunes né Spreaker. Francesco Baschieri che è il fondatore e amministratore delegato di Spreaker mi ha detto però che ci stanno lavorando sopra, sviluppando la possibilità per i podcaster di ricevere direttamente donazioni e pagamenti dagli ascoltatori.

Nell'attesa che queste procedure vengano perfezionate esistono però anche dei metodi alternativi.

Potresti per esempio realizzare delle puntate standard (una a settimana) e delle puntate speciali sponsorizzate, disponibili solo per le persone che si sono iscritte. Di fatto vendi ai tuoi ascoltatori un'iscrizione alla quale seguirà l'invio delle puntate riservate tramite posta elettronica oppure dandogli accesso a un feed RSS riservato.

Il feed RSS dedicato, che in pratica è semplicemente un altro podcast privato e non pubblicizzato per l'ascolto delle puntate aggiuntive, ha però lo svantaggio che è più facile da condividere anche con altri ascoltatori che non hanno pagato.

Un esempio di questa strategia è il podcast "Pensiero in Azione" di Raffaele Tovazzi (http://youmediaweb.com/pensieroinazione). Raffaele crea numerosi contenuti pubblici e gratuiti, dalle sue dirette video alle trasmissioni radiofoniche di London One Radio, ma il suo podcast è riservato a chi finanzia il suo progetto con almeno 20 dollari.

Io penso che la vendita diretta dei contenuti agli ascoltatori sia un modello che funziona quando hai una community molto coinvolta e interessata ai tuoi contenuti o a d accompagnarti e supportarti nel raggiungimento dei tuoi obiettivi. Con questo modello ci si aliena facilmente l'attenzione da parte di quegli ascoltatori occasionali che, se non avranno accesso diretto e gratuito ai nostri podcast, andranno ad ascoltare il podcast di qualcun altro.

Tuttavia negli ultimi anni si sta diffondendo sempre di più, grazie alla piattaforma Patreon, una forma di monetizzazione a metà tra la vendita e la donazione: il crowdfunding.

Donazione

La formula di monetizzazione che io preferisco è quella della donazione che lascia liberi gli ascoltatori di contribuire al podcast come meglio credono.

La donazione può essere fatta attraverso un sito web o una pagina social (per esempio su Facebook) mentre a livello operativo il servizio più semplice per raccogliere le donazioni è PayPal.

PayPal consente ai tuoi ascoltatori di sostenere il tuo podcast attraverso l'invio di denaro (con carta di credito o attraverso un account PayPal) in maniera molto semplice, con un clic. Saranno loro a decidere quanto donare e a fare il pagamento che verrà accreditato direttamente sul tuo conto PayPal.

Per quanto riguarda invece la richiesta della donazione ho potuto osservare come molti podcaster usano legare il valore economico della donazione a un oggetto reale. Non li sentirai dire "Donami 1 euro" ma piuttosto "Pagami un caffè" e nemmeno "Donami 5 euro" ma "Offrimi una birra". Questo espediente funziona proprio in virtù della relazione che si crea tra il podcaster e i suoi ascoltatori che così avranno proprio la sensazione di fargli un regalo.

Attraverso PayPal sarai in grado di generare un pulsante di pagamento che ti permetterà di ricevere una donazione a prezzo fisso, nel caso in cui tu scelga la formula della donazione vincolata. Se sceglierai invece la formula della donazione libera saranno gli stessi ascoltatori a decidere l'importo da versare a favore del tuo podcast.

Se non sei molto tecnico, non hai proprio idea di come si crei un pulsante PayPal e magari non hai nemmeno un sito web all'interno del quale poter integrare questo pulsante, ti farà piacere sapere che lo stesso PayPal ha creato un servizio che semplifica la donazione.

Ti basterà avere un account PayPal e andare sulla pagina paypal.me, che di fatto è proprio una semplificazione di PayPal, dove avrai la possibilità di creare una pagina personale con un indirizzo univoco (per esempio https://paypal.me/ giuliogaudiano).

Da questa pagina, nella quale si vedrà una tua foto con un bell'aspetto grafico e che funziona bene sia su desktop che su mobile, le persone che vorranno sostenere il tuo podcast potranno fare in maniera molto semplice le loro donazioni.

Nel caso in cui tu voglia inserire un importo fisso potrai farlo direttamente dall'indirizzo web, per esempio https://paypal.me/giuliogaudiano/10. I tuoi ascoltatori arriveranno così su una pagina dove troveranno già inserito l'importo stabilito di 10 euro (e questo vale per qualsiasi altra cifra che inserirai dopo l'ultimo slash) all'interno dell'indirizzo della pagina stessa.

Un aspetto negativo della donazione potrebbe derivare però dalla sua gestione fiscale e per questo ti suggerisco di parlarne prima col tuo commercialista per non correre il rischio di andare incontro a sanzioni. In particolare dal momento che tutti questi pagamenti vanno documentati e molte volte gli importi delle donazioni sono piuttosto bassi, potrebbe non valerne la pena, cioè potrebbe essere più alta la spesa che il guadagno.

Per questo motivo io ti consiglio di utilizzare una evoluzione del sistema della donazione che è il crowdfunding.

Crowdfunding

Il crowdfunding secondo me è il mezzo più evoluto, consapevole e condiviso per monetizzare il podcast attraverso l'appoggio diretto degli ascoltatori.

Di fatto il crowdfunding è il finanziamento da parte della community degli ascoltatori che però, a differenza della più generica donazione, ha un riscontro diretto nella produzione del podcast.

Il crowdfunding si è molto diffuso per il finanziamento di start up o di progetti innovativi.

In questo caso il progettista dice di voler realizzare per esempio un drone capace di seguire automaticamente le persone che deve riprendere con la videocamera ma che non ha i 100.000 euro che gli servirebbero per realizzarlo. Attraverso una delle piattaforme di crowdfunding (come Indiegogo o Kickstarter) potrà richiedere il finanziamento da parte delle persone che, donando dei soldi, potranno essere parte di questa impresa e ricevere a casa il drone non appena sarà pronto.

Esistono molti tipi di crowdfunding, a seconda di quello che ottiene cil finanziatore in cambio del proprio finanziamento. Nell'*equity crowdfunding* ad esempio, attraverso il finanziamento, si possono acquisire vere e proprie quote della società che finanziamo. Nel *reward crowdfunding* invece i finanziatori ottengono una ricompensa per il loro finanziamento . La ricompensa può andare dal semplice grazie ad un oggetto fisico che viene inviato a casa, con un valore reale o simbolico.

Come si applica il crowdfunding ai contenuti? Non è difficile e si fa attraverso una piattaforma che io stesso utilizzo e che è stata concepita per portare le dinamiche del crowdfunding verso coloro che producono contenuti video online o podcast. Questa piattaforma è Patreon (https:// patreon.com).

Si tratta di una piattaforma di *reward crowdfunding* basata sul pagamento ricorrente: chi decide di sostenere il tuo podcast pagherà un certo importo o su base mensile o ogni volta che, per esempio, verrà pubblicato un nuovo contenuto.

Le persone da parte loro s'impegnano decidendo loro stesse l'importo col quale finanziarti ma l'importo del finanziamento viene legato a una tua azione nel mondo reale come a un periodo di tempo o alla pubblicazione di un episodio.

Attraverso Patreon potrai fissare dei goal cioè dei traguardi o degli obiettivi. Potrai dire per esempio che al raggiungimento dei 50 euro al mese farai una puntata speciale solo per chi ti ha finanziato oppure che, se raggiungerai l'importo di 300 euro a puntata, potrai andare a documentare un evento di settore, condividendo i contenuti solo con gli ascoltatori che ti avranno finanziato.

Inoltre potrai associare dei rewards (cioè dei premi) a specifici finanziamenti. In questo caso potrai dire per esempio che chi ti finanzierà con almeno 5 euro al mese riceverà gratis la copia del tuo ultimo libro, o un ringraziamento durante una puntata, legando così l'importo minimo della donazione al ricevimento di un premio.

Patreon mette a tua disposizione una pagina con un indirizzo univoco (come per esempio https:// www.patreon.com/giuliogaudiano) attraverso la quale potrai spiegare il tuo progetto, motivare la tua richiesta di finanziamento e specificare come funziona Patreon, in modo da essere completamente trasparente nei confronti dei tuoi ascoltatori. Durante il podcast ti basterà rimandare gli ascoltatori a questa pagina per permettere loro di finanziare il tuo podcast.

Uno degli aspetti positivi di questa piattaforma è che si occupa automaticamente di effettuare i prelievi e di gestire i pagamenti ricorrenti da parte dei tuoi ascoltatori, a fronte di una minima percentuale sulla donazione.

Voglio dire che se un tuo ascoltatore decide di impegnarsi versando 1 euro al mese sarà la piattaforma a prelevare questa cifra ogni mese dalla sua carta di credito inviandogli poi una ricevuta. Questa è una grande semplificazione soprattutto perché molte volte si tratta di micro pagamenti e quindi tu potrai risparmiare del tempo prezioso. Tutto quello che dovrai fare tu invece sarà un unico incasso per prelevare tutti i contributi su base mensile o quando deciderai di farlo.

Un altro vantaggio è dato dal fatto che Patreon ti consente di avere la lista sempre aggiornata delle persone che ti stanno finanziando. In pratica tu puoi utilizzare la piattaforma per sapere esattamente chi ha finanziato e per quale importo e poter indirizzare, attraverso il sistema di messaggistica di Patreon, un messaggio diretto solo a coloro che per esempio ti hanno finanziato con più di 10 euro al mese.

Questo aspetto del pagamento ricorrente secondo me è più importante di quanto si pensi perché anche un importo piccolo, se lo immagini ripetuto nel tempo, può diventare significativo. Inoltre è anche più sostenibile da parte delle persone.

Pensa a un ascoltatore che si impegna a versarti 5 euro al mese: in 1 anno diventeranno 60 euro. Se tu gli avessi chiesto di darti 60 euro una tantum probabilmente ti avrebbe detto di no o quanto meno avrebbe avuto delle difficoltà a finanziare l'ascolto del tuo podcast per quell'importo. Come si può spiegare questo fatto?

Molto semplicemente perché nella testa del tuo finanziatore c'è una bilancia in cui su un piatto ci sono i soldi e sull'altro le puntate del podcast. Il versamento di un importo minimo come appunto i 5 euro mensili, gli permette di superare quel gradino che è l'inizio del finanziamento e di trovare un equilibrio nel senso che lui penserà che vale la pena versare 5 euro per la puntata del podcast che sta ascoltando in quel momento.

Ogni volta che gli verrà prelevato nuovamente quello stesso importo, cioè una volta al mese, nella sua testa si innescherà lo stesso meccanismo del bilanciamento tra tra quello che avrà in quel momento - cioè l'ascolto degli episodi del podcast, il valore o il divertimento che ne sta traendo - e l'importo che pagherà in quello stesso momento.

Ricordati che tu potrai sapere per ogni finanziatore qual'è l'importo che ha versato e, in virtù della ricorrenza mensile, ti renderai anche conto di quanto è disposto a pagare. Potrai anche conoscere il totale di quanto uno specifico finanziatore ha finanziato nel tempo e questo ti sarà molto utile perché potrai avere una percezione chiara del valore che ti sta portando questo tipo di crowdfunding.

Un podcast che ha utilizzato in maniera molto intelligente il sistema di crowdfunding ma chiamandolo con un nome diverso è "Digitalia" che ha inventato la formula dei produttori esecutivi. Vuoi sapere che cosa sono i produttori esecutivi?

L'autore del podcast Franco Solerio e i digitaliani dicono chiaramente che il loro non è un podcast gratuito ma è a pagamento e siccome loro credono nell'autonomia, nella libertà e nella responsabilità degli ascoltatori, lasciano decidere a questi ultimi quanto e quando pagare. Sono esenti dal pagamento alcune categorie come gli studenti squattrinati, i lavoratori in cassa integrazione o coloro che hanno dei problemi economici, ma tutti quelli che pagano per esempio un abbonamento a Netflix o al digitale terrestre sono invitati a versare il loro contributo, diventando così produttori esecutivi.

Loro indirizzano gli ascoltatori sul sito web di http://digitalia.fm dal quale è possibile fare una donazione libera o un pagamento mensile ricorrente tramite PayPal o con bonifico bancario. In ogni puntata dedicano poi cinque minuti alla lettura dei nomi delle persone che hanno sponsorizzato il podcast con i relativi importi.

Leggendo il nome e cognome di queste persone costruiscono negli ascoltatori l'idea di una community di persone che va al di là dei conduttori del podcast e che è fatta di persone realmente motivate e appassionate al contenuto. Questa community diventa così un testimonial, un endorsement, una raccomandazione che i digitaliani comunicano, da parte degli ascoltatori più fedeli verso nuovi ascoltatori che hanno iniziato ad ascoltare il podcast da meno tempo.

Nella veste di produttori esecutivi inoltre gli ascoltatori di "Digitalia" hanno anche più voce in capitolo nel senso che potranno richiedere delle puntate su argomenti specifici o che siano trattati dei temi di loro particolare interesse.

Se è tua intenzione seguire la strada del crowdfunding ti farà piacere sapere che Patreon ti permette anche di pubblicare e gestire tutti i tipi di contenuti (dall'articolo all'immagine, passando attraverso video e podcast) in modo da dare accesso al contenuto solo a chi ti finanzia con un preciso importo. In più, ogni volta che pubblicherai un contenuti riservato ai finanziatori, questi riceveranno automaticamente da Patreon una email di notifica senza che tu debba far nulla.

Tutte queste caratteristiche hanno fatto si che Patreon si sia affermata come la migliore piattaforma per fare crowdfunding per podcaster, YouTuber e produttori di contenuti online. Se ti interessa approfondire questo tema ti rimando al corso specifico che ho dedicato al crowdfunding con Patreon: https://www.youmediaweb.com/crowdfundingconpatreon .

Siamo così arrivati al termine anche di questa parte dedicata ai sistemi di monetizzazione del podcast.

Ci tengo a precisare che tutti questi strumenti che ti ho elencato possono essere utilizzati in combinazione tra di loro. Per esempio "Digitalia" utilizza il sistema del crowdfunding, nella variante dei produttori esecutivi, e le sponsorship da parte di clienti esterni. La stessa cosa la faccio anche io per il mio podcast "Strategia Digitale".

Per concludere quindi il mio consiglio è di testare e verificare sul campo qual'è la strategia di monetizzazione che meglio si adatta al tuo podcast e alle tue abitudini, ma anche ai desideri e al comportamento dei tuoi ascoltatori.

RACCOMANDAZIONE FINALE

Un giorno la maestra ha chiesto alla mia prima figlia: "Che lavoro fa il tuo papà?"

"Fa il podcast" ha risposto lei con tutta la naturalezza del mondo.

Ora tocca a te! Se non hai già preso in mano il microfono è giunta l'ora di farlo e registrare il tuo primo podcast.

In questi anni ho fatto podcasting spinto, di volta in volta, da varie motivazioni: l'ho fatto per curiosità, per soddisfazione personale, per gioco, per sfida, per denaro, per dovere, per gli ascoltatori, per gratitudine.

Per esperienza personale posso quindi dirti una cosa: il motivo principale che ti spingerà a fare podcasting in modo costante e ricavandone piacere e soddisfazione è il valore.

Valore che offri agli altri e che, attraverso la sorprendente risposta di chi ascolta il podcast, torna indietro a te che lo hai creato.

Metti il cuore in quello che fai.

L'ascolto è uno strumento potentissimo per la crescita dell'essere umano: è il primo mezzo di comunicazione che ci rende capaci di percepire suoni sin dalla pancia della mamma. Sull'ascolto nascono tutte le culture orali e, mentre la lettura è un fenomeno relativamente recente e vincolato all'apprendimento di una tecnologia - quei segni sulla carta che noi chiamiamo scrittura - l'ascolto è innato negli esseri umani e crea un canale di comunicazione empatico.

Per farla breve, il podcast che vuoi creare sarà capace di toccare i cervelli e i cuori delle persone e creerà una sorta di relazione tra te e chi ti ascolta.

Abbi cura di questa relazione, dal primo podcast a quando sarai una star del podcasting. Non te la tirare, non ne vale la pena.

Buon podcasting e, come dico sempre alla fine di ogni mio podcast: "Grazie mille e alla prossima!"

NOTA SULL'AUTORE

Giulio Gaudiano è business angel, imprenditore e autore di libri su marketing, business e cultura digitale.

Conduce il podcast StrategiaDigitale.info e ha fondato YouMediaWeb che, dal 2010, forma, finanzia e accompagna per mano imprenditori e professionisti che vogliono fare marketing e business con il digitale.

@giuliogaudiano

giuliogaudiano.it